海洋科学家精神融入高校思政课的探索与实践

王月琴　著

山东大学出版社
SHANDONG UNIVERSITY PRESS
·济南·

图书在版编目(CIP)数据

海洋科学家精神融入高校思政课的探索与实践 / 王月琴著. -- 济南:山东大学出版社,2024.6
ISBN 978-7-5607-8141-9

Ⅰ.①海… Ⅱ.①王… Ⅲ.①高等学校—思想政治教育—教学研究—中国 Ⅳ.①G641

中国国家版本馆CIP数据核字(2024)第052559号

责任编辑 肖世伟
封面设计 蓝海文化

海洋科学家精神融入高校思政课的探索与实践
HAIYANG KEXUEJIA JINGSHEN RONGRU GAOXIAO SIZHENGKE DE TANSUO YU SHIJIAN

出版发行 山东大学出版社
社　　址 山东省济南市山大南路20号
邮政编码 250100
发行热线 (0531)88363008
经　　销 新华书店
印　　刷 济南新科印务有限公司
规　　格 720毫米×1000毫米 1/16
　　　　 9印张 163千字
版　　次 2024年6月第1版
印　　次 2024年6月第1次印刷
定　　价 39.00元

前　言

2019年6月11日，中共中央办公厅、国务院办公厅印发了《关于进一步弘扬科学家精神加强作风和学风建设的意见》，要求大力弘扬科学家精神，包括胸怀祖国、服务人民的爱国精神，勇攀高峰、敢为人先的创新精神，追求真理、严谨治学的求实精神，淡泊名利、潜心研究的奉献精神，集智攻关、团结协作的协同精神，甘为人梯、奖掖后学的育人精神。科学家精神是中国精神之精华，将科学家精神有效融入高校思政教育是新时代发展的重要课题。

作为海洋类高校，浙江海洋大学有责任和使命将海洋科学家精神融入高校思政课。本书对新时代如何将海洋科学家精神有效融入高校思政课进行了初步探索和实践，核心内容包括：一是科学、科学精神与科学家精神，二是中华优秀传统文化血脉中蕴含科学精神，三是新时代海洋命运共同体理念下呼唤海洋科学家精神，四是海洋战略科技领域海洋科学家精神研究举要，五是"讲好最美海洋科学家故事"融入课堂实践，六是海洋科学家精神融入高校思政课的实践价值。本书涉及的海洋科学家多是浙江籍海洋科学家或为浙江海洋科学事业做出重要贡献的科学家，故"讲好最美海洋科学家故事"也成为"讲好最美浙江人故事"的重要内容。

本书是2022年度教育部人文社会科学研究规划基金项目"新时代社会心理建设研究"(22YJA710040)的阶段性成果，是2022年度高等学校国内访问学者"教师专业发展项目"(FX2022027)、浙江海洋大学2022年度课程思政教学研究重点项目"文化自信视域下'讲好最美浙江人故事'融入高校思政课的探索与实践"和浙江省中国特色社会主义理论体系研究中心浙江海洋大学基地2022年度课题"文化自信视域下'讲好最美舟山人故事'融入高校思政课的探索与实践"的研究成果。

目　录

第一章　科学、科学精神与科学家精神

一、何为科学

“科学”一词源于中世纪拉丁文scientia，其本义是“学问”“知识”。随着科学的发展，人们对科学的认识也由静态知识发展到了动态过程，并深入其内在机制、方法论规则、文化历史渊源和精神动力等更深层次，不断深化和丰富对科学的认识。按照贝尔纳(J. D. Bernal)的解释，科学可作为“建制、方法、知识传统、维持或发展生产的因素、构成信仰和对宇宙和人类的诸态度的最强大势力之一”[①]而存在。总的来看，科学的内涵至少包括以下几个方面。

(一)科学是一种认知方式

科学是一种实事求是的、光明磊落的认知方式。科学作为一种实践活动，与物质生产、阶级斗争等实践活动的区别在于科学具有根本性的认知属性，科学对客观世界的改造必须以认知为前提，科学服务社会的功能也是基于此。当然，科学的这种认知方式不是完全独立的，还有社会性的因素参与其中。科学认知主体是由科学家组成的科学共同体，科学是科学认知主体运用科学仪器、实验方法等对认知客体，即带有人类实践印记的自然界进行认知的活动。所以，科学认知方式不同于个人活动，也不是简单的缺少组织性的群体活动。当然，在科学认知过程中，应尽可能减少社会性对科学自主性的干扰，目的在于保证科学知识的真理性、客观性。

① [英]贝尔纳:《历史上的科学》，伍况甫等译，科学出版社1981年版，第6页。

(二)科学是一种知识系统

科学作为人类独有的一种实践活动,本质上是对社会存在的反映,是社会意识的表现形式之一。科学产生于科学实践活动,是以概念、范畴、定理、命题、假设、陈述、定律、公式等形式,依据严格的逻辑系统而组成的知识体系。科学是相对真理和绝对真理的统一,具有客观性、准确性的特点,是人们可以依靠的力量。所以,科学知识同宗教、迷信、神话、伪科学具有质的不同,并且,科学也是鉴定后者之利器。同时,科学知识是按照严格的逻辑原则建立起来的系统体系,科学知识又区别于经验、判断和常识。科学作为知识系统,涵盖了自然、社会、思维等领域,是对世界本质与规律的把握,又反过来指导人们的科学活动,预设科学目的和步骤,对科学实践具有导向和选择作用。科学作为知识系统,反映着人类本质力量的增强,人类掌握的科学知识越多,对客观世界的把握就越全面和从容,人类的自主性就越强。科学是人类从"必然王国"走向"自由王国"的强有力的工具和杠杆。

(三)科学是一种文化类型

首先,科学中蕴含的知识、理论、观点等经过普及教育,一旦被社会大众所知悉和掌握,就会对人们的价值观、思维方式、行为规范、审美旨趣等产生影响,表现为对人们的认知、知识、价值三个方面的塑造,提高人们认识世界、改造世界的能力,赋予人们正确的价值导向。其次,科学方法是科学之所以成为科学、与其他活动相区别的关键因素。科学方法不仅存在于科学活动中,而且存在于科学领域"发现问题—提出假设—经验检验—发现新问题"的基本程序中。在人们掌握科学方法的要义和主旨之后,其对社会科学和日常生活都会产生影响,会体现为精密、确凿、言之有据、有条不紊的思维方式和行事品格。再次,科学不仅是一种物质力量,还是一种重要的精神力量,是文化内容的重要组成部分,通过科学精神体现出来。科学家身上彰显的彻底求真精神以及为真理献身、艰苦卓绝、淡泊名利、独立人格、自由思想等品格,值得每个人学习和拥有。科学家的光辉典范和事迹对于培育民族精神和爱国主义具有时代感召力和现实吸引力。科学家的道德规范、价值观念更是对社会主义核心价值观的践行,是先进文化的重要组成部分。最后,科学是文化的一种表现形式,当前我国的文化战略就包含科技文化。科技文化和当前我国的主流文化，即社会主义核心价值观关系密切。现代科学文化以追求真理为目标，运用科学方法实现对客观世界本质和规律的把握。科技文化和社会主义核心价值观中的科学精神、人文精神本质上具有相通性。

（四）科学是一种社会建制

科学发展有其自身的规律和内在逻辑，有其相对独立的社会建制，这种建制集中体现为默顿（Robert King Merton）对科学的精神气质的概括——普遍主义、公有性、无私利性、有组织的怀疑，具体表现为一套以“普遍主义”为核心的社会行为规范、一种以“同行承认”为基石的奖励制度、一种以“精英统治”为特点的社会分层、一种以“无形学院”为核心的学术交流方式等。[①]科学的社会建制通常以大学、研究所、实验室、课题组等形式存在于科学领域和科学事业中。人们通常所说的“科教文卫”中的“科”指科学，其中就包括科学体制的部门机构。当然，科学总是在相关的精神动力和价值旨归的推动下开展，科学不单单是一种特殊的实践活动，科学活动的开展、目的、过程、结果等各个方面总是不可避免地受到科学家和科学共同体的某些精神因素的影响。

总之，科学知识强调静态和结果，科学认知侧重动态和过程，科学建制和文化强调科学的社会性。只有把这几个方面结合起来，对科学的认识才是全面的、透彻的。全面、客观地评价科学，必须坚持以下几个原则：首先，科学并非万能的。就自然科学领域而言，还存在大量科学尚不能解答的问题。未知领域有不断扩大，甚至超越已知领域的势头。在社会科学以及人的精神、道德和价值领域，科学更有无力之感。科学的这种无力也证明了人文社会科学的存在价值，并且将科学方法应用于人文社会科学领域还面临方法的创造和转化的问题。其次，科学并非完美无瑕。科学技术诞生后也会给环境、生态、自然资源带来负面效应和破坏性效果，而且封建迷信、伪科学也往往打着科学的幌子招摇撞骗。即使以科学的方法来解决问题，往往在解决一个问题的同时又会引发其他问题，解决起来反而更加棘手困难。最后，科学并非永远正确。只有“伪科学”才打着绝对正确的旗号，以科学的面貌出现，实际上这是对科学可错性的偏离。在社会建制中，科学并非完全客观的，而是被注入了人的价值观念。

① 参见马来平：《科普理论要义——从科技哲学的角度看》，人民出版社2016年版，第169页。

二、何为科学精神

科学精神是人们在科学活动中所具备的意识和态度，是科学家身上所体现的一种道德情操和要求。随着科技的发展和人类的进步，这种精神已不仅为科学家所独有，经过发展、传播，它已变成某种公共意识，科学本身已经跨越国界，成为人类进步的基础。[①]按照这一思路，美国著名科技哲学家默顿对科学精神作了如下定义：科学的精神气质是有感情情调的一套约束科学家的价值和规范的综合。[②]这些规范用命令、禁止、偏爱、赞同的形式来表示。它们借助于习俗的价值而获得其合法地位。默顿将其划分为普遍性（universalism）、公有性（communism）、无私利性（disinterestedness）、有条理的怀疑主义（organized skepticism），并认为这些有感情情调的、约束科学家的价值和规范的综合内化为科学家的科学良心，外化为社会的科学意识。

科学精神是贯穿并深藏于科学之中的内驱力和"灵魂"。科学精神是对真理不懈追求的精神，"求真精神"是科学精神的核心，是促使科学不断发展的动力。科学的求真精神包括三个方面：首先，坚持研究对象客观存在的唯物论，科学的求真精神就是尊重客观生活、实事求是的精神；其次，求真精神的"求"是相信思维能够正确把握客观事物，思维和存在具有统一性，即相信世界的可知性；最后，求真精神表现为实践是判断理论具有真理性的标尺。求真精神既要做到一切从实际出发，又要在实践中不断扬弃理论，实现"否定之否定"的发展。

科学精神本质上是求真精神，我国科学界的先驱任鸿隽先生认为科学精神具有五个特征：一是崇实，二是贵确，三是察微，四是慎断，五是存疑。[③]李醒民认为，科学精神是科学理念和科学传统的积淀，是科学文化深层结构（行为观念层次）中蕴含的价值和规范的综合。[④]樊洪业认为，科学精神是对科学本质的理解和追求，其内容是由理性精神和实证精神所支撑的"求真"。[⑤]蔡德诚认为，科

① 参见郭慧志、徐婕：《科学精神的界定与传导》，《科学技术与辩证法》2007年第5期。

② 参见王大珩、于光远主编：《论科学精神》，中央编译出版社2001年版，第32页。

③ 参见智效民：《胡适和他的朋友们》，云南人民出版社2004年版，第6页。

④ 参见李醒民：《什么是科学精神》，《民主与科学》2012年第2期。

⑤ 参见樊洪业：《科学精神的历史线索与语义分析》，《中华读书报》2001年1月23日。

学精神包括客观的事实依据、理性的怀疑与批判、多元化的思考、基于权利平等的争论、实践的检验、宽容的激励。[①]马来平认为，科学精神的内涵至少包括实验验证的求实精神、探索求知的理性精神、批判创新的进取精神、互助合作的协作精神、自由竞争的宽容精神和敬业牺牲的献身精神六个方面。[②]刘钝认为，科学精神在本体论意义上要坚持外在物质世界的可知论哲学，在方法论上要坚持以实验、实践为标准的实证主义原则。[③]

围绕求真精神，科学精神最重要的内容是理性精神和实证精神，这也被誉为科学精神的"两翼"。可以说，求真、理性、实证在科学发展的不同阶段往往都是比较稳定的。自由精神、怀疑精神、批判精神、创新精神、民主精神、宽容精神、献身精神、科学伦理精神等也是科学精神的内容。在科学发展的不同时期，人们对科学认识的侧重点不同，科学承担的历史使命不同，科学的关注点自然也不同，因此，科学精神的内容就会有不同的表现。总之，科学精神是对人们在长期的科学实践活动中形成的共同信念、价值标准和行为规范的总称，是贯穿科学活动的基本精神状态和思维方式。科学精神以求真为核心，以理性为指导，以实证为手段，以怀疑为动力，以创新为方式，以民主为媒介，在宽容的氛围中，实现独立的思考、大胆的求证、自由的探索、平等的争论，从而使人们形成求真的品格、批判的思维、创新的动力、献身的品德。科学精神的本质特征是追求真理，同时科学精神鼓励创新，崇尚理性质疑，恪守严谨缜密的科学理论研究方法，坚持平等自由探索的原则，强调科学技术的最终目的是服务于国家民族和全人类。

三、何为科学家精神

中国科学社创建人任鸿隽先生指出："科学精神者何，求真理是已。"[④]竺可桢先生也曾言科学精神就是"只问是非，不计利害"[⑤]。科学追究的是事物内在的固有根据和规律，科学真理具有独立不依的崇高地位。科学精神在价

① 参见蔡德诚：《科学精神与人文精神不可分》，《民主与科学》2003年第5期。

② 参见马来平：《试论科学精神的核心与内容》，《文史哲》2001年第4期。

③ 参见刘钝：《文化一二三》，湖北教育出版社2006年版，第42页。

④ 任鸿隽：《科学精神论》，《科学》2015年第6期。

⑤ 竺可桢：《科学之方法与精神》，《思想与时代》1941年第1期。

值取向上，表现为求真、求实、求新、求善；在认知方法上，表现为专注、逻辑、理性和质疑；在行为品格上，表现为好奇、进取、敢为和坚持。科学精神需要通过科学家来体现，通过真实的科学家来实现，一代一代的科学家以追求客观真理为目标，自由探索、理性质疑、执着求新，为人类进步、幸福和自我解放不懈奋斗，展示了科学家精神对人类精神世界的引领作用。因此，科学家精神就是科学精神的时代化、人格化，是科学家群体呈现出的独特的精神气质。

科学家首先要具有追求真理的科学精神，要有实事求是的态度，要追求真、善、美，要有严谨的学风；科学的本质在于创新，创新驱动发展是国家重要战略，科学家要不满足于已有的认识、能力、技术和产品，以科技创新推动社会进步；科学家要有家国情怀，有社会责任感和历史使命感。实现中国式现代化建设将面临新一轮科技革命，需要在全社会弘扬科学家精神，加强作风和学风建设，这是科技工作的生命线和建设世界科技强国的根基所在。我们也清醒地看到，学术不端、浮夸浮躁、急功近利等不良社会风气依然存在，若任其蔓延，则科技创新的良好生态将会受到侵蚀。因此，新时代大力弘扬科学家精神，在全社会形成尊重知识、崇尚创新、尊重人才、热爱科学、献身科学的浓厚氛围极为重要。创新是引领发展的第一动力，要实现科技自立自强需要充分发挥科学家精神。建设世界科技强国，实现高水平科技自立自强，努力把科技核心技术牢牢掌握在自己手里，需要在全社会弘扬科学家精神。

中共中央办公厅、国务院办公厅印发的《关于进一步弘扬科学家精神加强作风和学风建设的意见》指出我们要大力弘扬的新时代科学家精神：一是胸怀祖国、服务人民的爱国精神。继承和发扬老一辈科学家艰苦奋斗、科学报国的优秀品质，坚持国家利益和人民利益至上。二是勇攀高峰、敢为人先的创新精神。坚定敢为天下先的自信和勇气，敢于提出新理论、开辟新领域、探寻新路径，不畏挫折、敢于试错，在独创独有上下功夫，在解决受制于人的重大瓶颈问题上强化担当作为。三是追求真理、严谨治学的求实精神。把热爱科学、探求真理作为毕生追求，始终保持对科学的好奇心，独立思辨、理性质疑。四是淡泊名利、潜心研究的奉献精神。静心笃志、心无旁骛、力戒浮躁，甘坐“冷板凳”，肯下“数十年磨一剑”的苦功夫。反对盲目追逐热点，不随意变换研究方向，坚决摒弃拜金主义。五是集智攻关、团结协作的协同精神。倡导团队精神，跨界融合思维，坚持全球视野。六是甘为人梯、奖掖后学的育人精神。培养青年科技人才，敢于放手，甘做致力于提携后学的“铺路石”和领路人。由此，引导广大科学家在践行社会主义核心价值观中走在前列，争做重大科研成果的创造者、建设科技强国的奉献者、崇高思想品格的践行者、良好社会风尚的引领者，为实现第二个百年奋斗目标、实现中华民族伟大复兴的中国梦作出更大贡献。

第二章　中华优秀传统文化血脉中蕴含科学精神

中华优秀传统文化的多种形式中蕴含丰富的科学精神并传承至今，中华民族自古至今的文化结构中体现着深刻的求真、求善、求美的科学精神。中华文化血脉里的科学精神和科学家精神为海洋科学探索精神的发展奠定了深厚的文化精神基础。

一、中华民族文化形式中蕴含科学精神

自然科学多和自然问题相关，能够解决人类生存过程中必须要面对的人与自然的问题，而人与人问题的解决则需要依靠精神科学。中国著名思想家张君劢明确主张将科学分为“确实科学”与“精神科学”两类，前者是对自然及其规律的认识，后者是人的行为参与其中的社会研究。中国著名哲学家熊十力也将人类由认识而产生的学问明确分为二途：“曰科学，曰哲学。”[①]其中的科学多指自然科学，哲学多指精神科学。中华优秀传统文化思想体系中的科学精神具有潜隐性，蕴含在哲学、文学、法律、军事、伦理、天文学、数学、农学等不同的“确实科学”“精神科学”文化形式中，我们要善于从各学科门类中探索其深蕴的科学精神，对中华优秀传统文化各具体学科中蕴含的科学精神进行挖掘、阐释并应用于课堂教学中。

（一）哲学思想中蕴含科学精神

1.道家思想中的科学精神

第一，合规律的遵道循理精神。“道”是道家哲学文化的最高范畴，内在于天

① 熊十力：《新唯识论》，上海人民出版社2011年版，第130页。

地万物的运动变化之中，代表包括自然界和人类社会在内的大宇宙运行发展的总法则。“道”的基本特征是原初性、自发性和实有性。原初性是指道乃宇宙万物的本根。自发性是指道无意志、无目的，生养万物而不私有，成就万事而不持功，自然无为而无不为。实有性是指道尽管超形绝象、不可感知，却“惚兮恍兮，其中有象；恍兮惚兮，其中有物”[①]，实际上道是“有和无的辩证的统一”。道家把世界的本质归结为不受神灵操纵的自己如此、本来如此、通常如此的实体性存有，道家的遵道循理精神不仅确立了“一个离开知觉主体而独立的外在世界”，也为人类进行科学探索活动做了理性指南，成为科学理性产生的思想基础。

第二，法天贵真精神。道家以追求自然万物的本真状态为目标。从道家把追求自然万物的本真状态作为基本人生态度及将求真与求美相融通而创造一种自由的精神来说，这展现了该学派的人生境界论及审美精神的统一。从逻辑学角度看，科学精神分为认识论层次的求真、价值信仰体系层次的求善和臻美，也就是说道家的法天贵真精神正体现了科学精神中真善美的统一。

第三，相对主义中的科学精神。庄子认为事物的性质是相对的，强调用相对的观点认识事物是符合科学认识的基本特征的。庄子从万物自身出发去解释它们是其所是的原因，并提出了万物都由其极微的种子而来，最终也回归到其种子中去。庄子进一步指出万物的分离就是结合，结合也是毁灭。“其分也，成也；其成也，毁也。凡物无成与毁，复通为一。”[②]相对主义有助于科学研究者破除阻碍科学发展的绝对主义观念和独断论，有助于培养怀疑和反对传统观念的精神。

2.儒家思想中的科学精神

第一，以人为本，反对鬼神迷信的科学精神。樊迟问何为“仁”，孔子的回答是“爱人”，在孔子看来与“神”“马”等相比，人是最重要的，所以应当“爱人”而不是爱“神”“马”等，这体现了坚持以人为本体的科学精神。

第二，实事求是的科学精神。孔子曾对弟子子路说：“由！诲女知之乎！知之为知之，不知为不知，是知也。”[③]孔子明确告诉子路知道就是知道，不知道就是不知道，不要弄虚作假、自欺欺人，这是儒家实事求是科学精神的体现。孔子本人也身体力行实事求是的科学精神，“子绝四：毋意，毋必，毋固，毋我”[④]，指出

① 《道德经》。

② 《庄子·齐物论》。

③ 《论语·为政》。

④ 《论语·子罕》。

他杜绝了四种毛病，做到不凭空推测，不主观臆断，不拘泥固执，不自以为是，即尊重客观事实，反对主观成见等，这正是科学精神的基本原则。

第三，好学上进，自强不息的科学精神。《周易·乾卦·象传》说："天行健，君子以自强不息。""我非生而知之者，好古，敏以求之者也。"[①]指出自己的知识才能并不是生来就有的，而是通过勤奋努力求得的。科学探索活动是要冒风险的，是要付出代价的，有时甚至是要付出血的代价的，因此，好学精神、自强不息精神、献身探索精神实质都是科学精神的体现。

3.墨家思想中的科学精神

第一，坚持物质本体的求实精神。墨家以"众人耳目之实"作为判断"有与无之仪"[②]的标准，这就等于承认了外在世界的客观性。而"赖其力者生，不赖其力者不生"[③]的论断，显然含有主客对待、心思向外、把客观世界作为认识和改造对象的意蕴。同时，墨家站在哲学和物理学的高度对客观世界进行时空实体架构，即"久，弥异时也。宇，弥异所也"[④]。"久"即时间，是一切时间的总称；"宇"即空间，是一切空间的总称。

第二，注重探究事物本质的科学精神。墨家坚信人的认识能够把握事物的本质，认为通过熟悉事物的特性并加以推理便可以对未来做出科学预测，达到"以往知来，以知见隐"[⑤]。后期墨家更注重"摹略万物之然"[⑥]，即概括反映宇宙万物的"然"和"所以然"以"求故"和"明法"，认识了事物的"然"和"所以然"，即现象和原因，就便于把握事物的"法"（法则）或"理"（道理、条理）。墨家的"摹物"之学就是认识论，是研究认识世界的一般形式和规律的学问。

第三，重视运用演绎逻辑、归纳逻辑、观察、实验等现代科学方法。《墨经》有较为完备的演绎逻辑和归纳逻辑体系，并且自觉地加以运用，提升经验知识，建构学说体系。墨家所涉及的自然科学领域的许多概念、定义和原理均具有较高的科学水准。例如，对圆的定义，《墨经》说："圆，一中同长也。""同长，以正相尽也。""中，同长也。"两个东西"同长"是指二者跟一个共同的标准（正）相比较，完全相合；而作为圆心的"中"就是它到周边的长度都相等。这开辟了将经验认

① 《论语·述而》。

② 《墨子·明鬼下》。

③ 《墨子·非乐》。

④ 《墨子·经上》。

⑤ 《墨子·非攻》。

⑥ 《墨子·小取》。

识、经验知识进一步提升为概念，概括出科学原理，建立学说体系的逻辑通道，这非常接近欧几里德几何。同时，他们也做了一些实验，如光学投影和小孔成像实验、机械力学的杠杆原理实验、监听敌人动向的地下测声装置实验等，其中小孔成像实验已有近代实验的特征和一定程度的精确性，具有超时代性。墨家的科学探索不是以内省的玄想或直观的推论为基础，而是重视实验，注重在实践中进行理论探讨。从实践到理论，再从理论到实践，通过证伪以求真，墨家学派更具有实证科学的特点。

4.法家思想中的科学精神

第一，法家注重把"法"作为衡量一切事物的客观标准，具有注重客观规律的科学精神。所谓"万物莫不有规矩"①，这里的"规矩"即含有规律的意义。"圣人尽随于万物之规矩"②，就是顺应事物的自身规律。法家将道家的天道改造为人类社会的法，将自然法则变成社会法则，并以此为中心形成自己的理论体系，即对自然天道观的逐步引申。法家思想重在实际问题的解决，强调法律条文的制定清楚详尽。"书约而弟子辩，法省而民讼简，是以圣人之书必著论，明主之法必详尽事"③，即对社会行为定出明确的法规。法固然是人所设立，然而人依据什么来设法？就是道。道与法的共性即客观性，"度量已具，则治而制之矣"，"道生法。法者，引得失以绳，而明曲直者也。故执道者，生法而弗敢犯也……称以权衡"。④"抱道执度，天下可一也。"⑤法家强调规矩、绳墨、权衡、斗石的重要性实质就是强调法的客观性、标准性。司马迁称"法家不别亲疏，不殊贵贱，一断于法，则亲亲尊尊之恩绝矣"⑥，这正体现了法的公平原则和统一标准。

第二，法家注重"法"的客观社会治理标准，体现出管理思想的科学精神。法家认为在人类社会之上有一个独立的存在，人类社会的一切行为都要以它为准则，而不能由人的主观意志决定。"道者，万物之始，是非之纪也。是以明君守始以知万物之源，治纪以知善败之端。"⑦"道者，万物之所然也，万理之所稽也。理者，成物之文也；道者，万物之所以成也。"⑧"古之牧天下者……因道全法……

① 《韩非子·解老》。

② 《韩非子·解老》。

③ 《韩非子·八说》。

④ 《黄帝四经·经法·道法》。

⑤ 《黄帝四经·道原》。

⑥ 《史记·太史公自序》。

⑦ 《韩非子·主道》。

⑧ 《韩非子·解老》。

以道为舍……治之至也。”[①]世界万物是无限的杂多，而道则是一，一生万物，万物体现着一。以此为基础，法家把独立于人的主观意志之外的“法”作为治理社会的客观标准，法即是一。人心各异理，而道即法，则“尽稽”万人之理，即用一个客观的统一标准来规范社会。“故欲成方圆而随其规矩，则万事之功形矣。而万物莫不有规矩……圣人尽随于万物之规矩……则事无不事，功无不功。”[②]法即道在人类社会的体现，即人类社会的规矩，圣人执规矩就“尽稽万物之理”。[③]由此可见，法家以客观标准的法来治理社会，以防止政由心出的政治偶然性的思想。

（二）军事思想中蕴含科学精神

1.古代军事思想蕴含求真务实、一切从实际出发的实践科学精神

在《备城门》中，墨子明确表示粮食储备、武器装备、防御设施等实际备战手段是一个国家的重中之重，并且积极研究防御技术，提出了十二种防守战法，形成了一套综合的防守战术体系，其中涉及防守的器械及杠杆原理、滑轮和轮轴的作用原理、斜面原理、建筑材料力学原理等都是来自实践而非空谈臆想。如“鼓架要三足”[④]，是最浅的重心知识，“桔槔”（或“颉皋”）就是杠杆，“磨鹿”或“辘轳”就是滑车。“屈胜可上可下”[⑤]，“发梁可以擒敌”[⑥]，根据科学的机械学的原理制造的最为复杂的连弩车每次能够射出矢箭数十，利用声学原理制造的罂听可以探测敌人隧攻等。兵家孙膑提出“战胜而强立，故天下服矣”[⑦]，他反对空谈仁义，认为战胜对方并不是某一方面的原因，而是天时、地利、人和等各种实际因素相互作用的结果。孙子强调取胜的根本在于“自恃”，“故用兵之法，无恃其不来，恃吾有以待之；无恃其不攻，恃吾有所不可攻也”[⑧]，即取胜在于自己一方准备充分，而不在于敌方失误，敌方的失误也应是己方促使其发生的。同时，孙子

---

① 《韩非子·大体》。

② 《韩非子·解老》。

③ 参见赵小雷：《“早熟路径”下的法家与先秦诸子》，中国社会科学出版社2010年版，第221～239页。

④ 《墨子·号令》。

⑤ 《墨子·备高临》。

⑥ 《墨子·备城门》。

⑦ 《孙膑兵法·见威王》。

⑧ 《孙子兵法·九变》。

强调在军事战争中要注重把握事物发展的客观规律，提出“形”“势”之说。“形”即客观事物自身的规律性，“势”即人对客观事物的利用，是事物发展的不得不然的趋势，曰：“激水之疾，至于漂石者，势也。”①“夫兵形象水，水之行避高而趋下，兵之形避实而击虚；水因地而制流，兵因敌而制胜。故兵无常势，水无常形。能因敌变化而取胜者，谓之神。”②在此静为形，动为势，水之形静而趋下，动则势能漂石。“形”和“势”其实强调的就是事物静止和运动的两个方面，为兵之道就是充分利用各个方面的有利因素，使其成为一种不可阻挡的必然之势，即把握这样一种必然规律。所谓“整体大于部分之和”，各个方面的有利因素一旦汇聚在一起，其能量自然要比它们单独发挥作用时的力量的简单相加大得多。对此，孙膑解释道：“有胜有不胜，五行是也。有生有死，万物是也。有能有不能，万生是也。有所有余，有所不足，形势是也。故有形之徒，莫不可名。有名之徒，莫不可胜。故圣人以万物之胜胜万物，故其胜不屈。”③万物都有它有利的一面和不利的一面，利者，胜也，为兵之道就是要综合这有利的一面，使其呈现为不可败之势。

2.兵家注重以战之法为客观标准加强军队建设与治理，体现出军法的科学精神

君以刑名制将而不必亲躬，即“将能而君不御者胜”④，反之，君“御将，不胜”⑤。而将领只要制定好赏罚的标准，严明军纪，则士卒自然会奋力于战，所谓“势者，所以令士必斗也”⑥。势成，则将领不必一个个地责兵于战。“故善战者，求之于势，不责于人，故能择人而任势。任势者，其战人也，如转木石。木石之性，安则静，危则动，方则止，圆则行。故善战人之势，如转圆石于千仞之山者，势也。”⑦有为的将领胜敌于战斗之先，“其所措必胜，胜已败者也。故善战者，立于不败之地，而不失敌之败。是故胜兵先胜而后求战，败兵先战而后求胜”⑧。“昔之善战者，先为不可胜，以待敌之可胜。不可胜在己，可胜在敌。故善战者，

① 《孙子兵法·势》。

② 《孙子兵法·虚实》。

③ 《孙膑兵法·奇正》。

④ 《孙子兵法·谋攻》。

⑤ 《孙膑兵法·篡卒》。

⑥ 《孙膑兵法·威王问》。

⑦ 《孙子兵法·势》。

⑧ 《孙子兵法·形》。

能为不可胜，不能使敌之可胜。”[①]兵家具体的为战之法是以客观的标准代替人治主义的主观偶然性。

（三）逻辑学思想中蕴含科学精神

1.名辩逻辑中蕴含的科学精神

名辩学主要是以名实关系为研究对象的辩争之学，其对“名”“实”的认识思想体现了重“实”的科学探索精神。名学是以名为对象，以名实关系为基本问题，以“正名”为核心内容的学问，涉及名的界说功用、形成、名与实的分类等诸多问题。名家认为名是实的称谓，“夫名实，谓也”[②]，在名实关系上，认为“实”是根本。有形有名，名由形生，形以定名。因此，使称谓正确的前提是对称谓对象实体的正确认识。“正其所实者，正其名也”[③]，沿此种思想逻辑，名家对名的讨论核心就是对实（物）的分析。“弱于德，强于物”，“逐万物而不反”[④]，可以说是惠施等名家代表人物的共同特点。先秦时人们眼中的物（实）的基本特征主要是形、色两个方面，如“物即是色”[⑤]，“凡有貌象声色者，皆物也”[⑥]，“形而不名，未必失其方圆白黑之实”[⑦]。与之相应，对物的分析离不开察形、别色、考异和观类，名家围绕“天地”“山泽”“生死”“今昔”“犬羊”“马牛”及其他事物的“形与色”“有与无”“同与异”等提出了许多被称为“琦辞”“怪说”的命题，如“历物十事”“辩者二十一事”“白马非马”“坚白石二”等。围绕这些命题展开的辩论为名学引入了宇宙本体论、实体论的实质思考，因而名辩学是建立在名与实辩论思考基础上的科学精神之辩。

2.墨家逻辑学中蕴含的理性科学精神

先秦典籍中，《墨经》包含的科学知识之丰富是独一无二的，其内含的科学精神也是独一无二的。墨子是伟大的科学家、逻辑学家和哲学家，是一种高度

---

① 《孙子兵法·形》。

② 《公孙龙子·名实论》。

③ 《公孙龙子·名实论》。

④ 《庄子·天下》。

⑤ 《周礼·夏官》。

⑥ 《庄子·达生》。

⑦ 《尹文子·大道上》。

发展和科学的方法的创始人，是发展归纳和演绎科学逻辑方法的中国思想学派创始人，为中国贡献了逻辑方法的系统的科学学说。墨子认为万物因逻辑而生，主张通过概念认识事物，为事物寻求普遍定义，其对事物的定义符合亚里士多德关于定义的规则，即定义指向事物的本质。墨家辩学中的逻辑推理思想体现了科学精神。墨家为了使自己宣说的义事获得他人赞同，也为了使论辩胜负的判定为他人认可，必然要讨论"立辞"。"立辞"是指命题的成立。墨家辩学主张任意命题的成立都要有相应的理由和根据。一个命题如果没有其赖以成立的理由，就是荒谬的。这就是《大取》所说"立辞而不明于其所生，妄也"[①]。墨家成立命题的基本方法是"说"，即《小取》所谓"以说出故"[②]，这表明墨家辩学的"说"是提出理由("故")以成立一个命题("辞")的过程，即推理(论证)过程。墨家辩学以言谈论辩为研究对象，反映了逻辑推理的科学思想，显示出其重视逻辑推理和理论探索的科学精神。同时，墨家在物理学方面对时空问题、动静间关系问题、物理量的比较问题等都做过逻辑推理的探讨。墨家将"物"概念予以提升、抽象，使概念遵循严密的逻辑规则，并进行逻辑分析，把握事物的联系和本质。墨家对力的定义、物体重心、力的平衡及有关杠杆等器械的描述与说明，具有严密的逻辑体系，在内容分析和理论水平上同古希腊力学思想一样精到。[③]墨家重视逻辑学，在中国思想史上建立起第一个完整的、系统的、严密的逻辑体系，由此说明墨家具有重视理性的科学精神。

(四)天文学思想中蕴含科学精神

我国在古代天文学方面取得的成就相当突出，是世界上公认的拥有最早、最具系统性的天象观测记录的国家。早在帝尧时期，我国就已经开始有"历象日月星辰"等科学研究活动，历代王朝都设立专官观测天象，很早就出现了钦天监等专门的科学研究机构，以国家之力广泛网罗专门人才从事天文学领域的研究。这一传统使我国古代的天象记录极为丰富，对天文现象的观察极为仔细、系统，历法也臻于精确，尽管历史上王朝兴衰更替，但历代史籍记载的天文资料得以传承下来，其中蕴含着丰富而深刻的实证科学研究精神。

---

① 《墨子·大取》。

② 《墨子·小取》。

③ 参见崔清田:《墨家逻辑与亚里士多德逻辑比较研究——兼论逻辑与文化》，人民出版社2004年版，第211～233页。

春秋之前，天文学和律历学已得到长足的发展，《夏小正》中记载有鞠、参、斗、昴、望、辰、火、南门、织女等星名，《尚书·尧典》中有记载“乃命羲和，钦若昊天，历象日月星辰，敬授人时”。商代的阴阳合历已有了置闰法、朔望月及干支纪日法，西周时期的历法精确程度又有所提高，并用土圭观测日影，测定冬至和夏至，《诗经》记载了世界公认的最早的一次日食。春秋战国时期，诸子百家开始提出关于宇宙和时空的观点。老子首先认为宇宙是一个整体，天是一张网，由这张网将星星统一起来，“天网恢恢，疏而不失”①。墨子首先定义了宇宙，把空间、时间合称为“宇久”，即后来的宇宙。“宇”即空间，包括一切不同处所（如东、西、南、北）。同时，墨子明确定义了“始”和“时间”的不同：“始”是时间坐标上的一个点，不占有时间长度，而“时间”则可以占有一定的长度（“有久”），也可以不占有一定的长度（“无久”）。此时，人们已认识到宇宙的结构不只是“上天下地”，开始对宇宙做出系统性思考。

汉朝在前代天文学的基础上专门分立出气象学，并倾向以哲学原理对其进行解释。汉朝利用易学提出宇宙形成学说，并将宇宙的生成和演化分为几个不同的阶段。《淮南子·天文训》把宇宙的最原始状态称为“太始”，太始是混混沌沌、无形无象的状态，然后出现“宇宙”，即时间和空间，再出现“气”。清轻的阳气上升而形成了“天”，重浊的阴气下沉而凝聚为“地”，由此逐渐提出了盖天说、宣夜说、浑天说三种主要的天文学说。盖天说以《周髀算经》为代表，认为天圆地方，天在上，像伞盖，地在下，像棋盘。天顶高八万里，向四周下垂，日月星辰在天穹上随天旋转。东汉时张衡写就了《太玄经注解》，绘制了《太玄图》，并在西汉耿寿昌发明的浑天仪的基础上创制了一个能够精确演绎浑天思想的浑天仪，又先后写出了《灵宪》《灵宪图》《浑天仪图注》等天文学著作，完整地论述了浑天说思想。浑天说打破了天圆地方的错误观点，明确提出了“天球套地球”，而且认识到天球并非正球形。他还计算了天球的大小，直径是二亿三万二千三百里，其长径要加千里，短径则减一千里，因此天球是椭球形的，“八极之维，径二亿三万二千三百里，南北则短减千里，东西则广增千里。自地至天，半于八极，则地之深亦如之。通而度之，则是浑已。将覆其数，用重差钩股，悬天之景，薄地之仪，皆移千里而差一寸得之。过此而往者，未之或知也。未之或知者，宇宙之谓也。宇之表无极，宙之端无穷”②。明初，天文历算方面出现了一回归年

① 《老子·德经》。

② 《张河间集·灵宪》。

精确程度达到十万分之一日的算法。清代，设立算学馆，开始编撰天文历算书籍等。

（五）数学思想中蕴含科学精神

1. 中国古代数学研究饱含求真的科学精神

中国对世界文化的重大贡献首推十进位值制记数法。中国早在商代就已经比较普遍地应用了十进位值制记数法，墨子是对位值制概念进行总结和阐述的第一个科学家。十进位值制记数法是古代最先进、最科学的记数法，对世界科学和文化的发展有着不可估量的作用。英国科学史家李约瑟（Joseph Needham）指出："在西方后来所习见的印度数学的背后，位值制早已在中国存在两千年了。""我国的计算人员和星官为印度人发展只需要九个符号的计算方法开辟了道路。"因而，他评价道："如果没有这种十进位制，就几乎不可能出现我们现在这个统一化的世界了。"[①]后来在四则运算中不仅有先进的记数法，而且广泛使用口诀，进而提出了世界上最早的开平方、开立方法则。由刘徽注释的《九章算术》奠定了古典算学的理论。同时，我国古代的数学家又较早地体悟出圆的周长与直径之间的"周三径一"关系，在圆周率研究上取得了斐然的成果。魏晋时期刘徽将圆周率精确到3.1416，南北朝时期祖冲之推算出圆周率的真值在3.1415926和3.1415927之间，相当于精确到小数第7位，领先世界。这体现了中国古代数学研究探求真理、不断精进的科学精神。宋代，出现了秦九韶、李冶、杨辉等杰出的数学家，他们在数学研究领域提出了不少极为有价值的见解，在当时处于遥遥领先的地位。

2. 中国古代数学研究体现出注重实证、实践以求得事实、尊重实际的科学精神

我国古代数学以解决实际问题著称，著名的《九章算术》中共计246个应用题，都与生产实际有关。在几何学上，墨家提出点（端）、切、面、体、圆方、平行相交、相重合等几何学的基本概念和原理。《墨经》是涉及几何概念较多的一部著作，墨家几何学是基于事实经验的推理性几何学。宋代活字印刷、火药和指南针的发明等都表明中国古代数学研究具有注重事实、尊重实践实证的科学精神。清初，徐光启凭借敏锐的眼光看到了数学方法和实验方法的重要性，他认

① [英]李约瑟：《中国科学技术史》第3卷，梅荣照等译，科学出版社2018年版，第322～333页。

为数学好比工人手中的斧头、尺子这样的工具,不但应用于历法、音律,而且可以应用于其他很多事情,这体现出其注重数学的实际应用。

(六)物理学思想中蕴含科学精神

科学精神最根本的体现是理性精神、实证精神。战国时期的墨家在"声、光、化、电"等物理学的研究中蕴含着丰富的理性科学精神,其杰出贡献使我国自然科学水平登上当时的世界最高峰。其中,《经说上》主要关注知识与判断的可证性,以及语言与思想、实在的关系,主要探讨对立与统一、有限与无限、时间与空间、实体与偶性、感性与理性、主体与客体、动与静、同一与差异等问题,从哲学功用视角阐发物理学研究的基本思想。墨子的主要贡献是定义了"科学"的概念,他在《小取》中将正名应用于对物的研究,将物存在的最小的物质单元称为"端"。"端"是物被分割到不可分割的地步而得到的一个没有体积的点,所以"端"就相当于基本粒子。墨子以"端"为物质的基点,从实体、运动、静止、同一、差异五个方面对物进行研究,具有实证科学的研究路径思想。

在力学方面,墨子早在牛顿之前就发现了相应的力的运动方式和规律。"力,形之所以奋也"[①],意思是说,力是一切物体运动的根本原因。同时,墨子也提出了物体在受到力时,会产生反作用力。在两千多年前,墨子就已经总结出来这种物理力学原理和规律,比牛顿早了一千八百多年。同时,墨子还率先提出了杠杆定理。"衡加重于其一旁,必捶。权重相若也,相衡,则本短标长。两加焉,重相若,则标必下,标得权也。"[②]"衡"即秤砣,意思是说秤杆处于平衡状态时,无论在本端还是在标端略加一重量,立即就会向加重的一方下垂。标端的秤砣和本端的重物处于相应位置时,可获得平衡,那一定是本短标长。两端同时加一重量相等之物,则标端必然下垂。用现代科学语言表述即"本"是秤砣上重物端的力臂,"标"为秤砣上秤锤端的力臂,变换成力学公式就是"物重×本长=锤重×标长"。

在光学方面,墨子对实验原理做了系统的阐述。"景光之人煦若射。下者之人也高,高者之人也下。足敝下光,故成景于上;首敝上光,故成景于下。在远近有端与于光,故景库内也。"[③]其中,墨子解释了小孔成像,并诠释了光沿直线传播的性质。早在两千多年前墨子就对光沿直线传播做出了世界史上第一次

① 《墨子·经上》。

② 《墨子·经说下》。

③ 《墨子·经说下》。

的科学实践证明。墨子对光线的研究不仅仅局限于直线，他还发现光线遇到平滑的表面时会发生反射，并对平面镜、凹面镜、凸面镜进行了系统的研究，发现了有关几何光学的原理。[①]

（七）文学创造中蕴含科学精神

诗词作为中华优秀文化的载体之一，是人们在不同时代“真性情”的感性表达，人们在诗词中既得到情感的满足，又彰显出科学理性的气度，理性中不乏情感超越，情感超越中又有理性的科学情怀。

诗词文化中蕴含着勇于探索的科学精神。杜甫《望岳》中的“岱宗夫如何？齐鲁青未了。造化钟神秀，阴阳割昏晓”运用了实证的写法，尊重客观规律；“荡胸生曾云，决眦入归鸟。会当凌绝顶，一览众山小”展现出诗人不怕困难、敢于攀登顶峰、俯视一切的雄心气概以及卓然独立、不惧困难、勇于探索的科学精神。王之涣《登鹳雀楼》中的“欲穷千里目，更上一层楼”同样表达了这种敢攀顶峰的精神和勇气。

诗词文化中体现着重实践的科学精神。陆游《冬夜读书示子聿》中的“古人学问无遗力，少壮工夫老始成。纸上得来终觉浅，绝知此事要躬行”一方面体现了诗人注重实践而不盲从权威与书本的科学精神，深刻指出要透彻认识事物就必须亲自实践；另一方面也体现了诗人认为做学问是一个终身艰辛的实践探索的过程，深刻地蕴含着重实践、重持之以恒不懈探索的科学精神。苏轼《惠崇春江晚景》中的“竹外桃花三两枝，春江水暖鸭先知”，也以“鸭先知”强调了实践的重要性，即暖融融的春江水只有畅游在水面上的鸭子才能体验到，由此联想到若要真正了解和把握事物，必须亲身实践，只有亲自实践才能出真知，而不是凡事主观臆测，这也体现出实践出真知的科学精神。

诗词文化反映出严谨求精的科学精神。如诗人对字、词、句的使用非常精确。杜甫曾言：“为人性僻耽佳句，语不惊人死不休。”卢延让云：“吟安一个字，捻断数茎须。”曹雪芹则说：“字字看来皆是血，十年辛苦不寻常。”这些都反映了诗人执着追求、艰辛求精的心路历程。再如，中唐“苦吟诗人”贾岛每写诗文，必斟酌词句，润饰修改到无以复加的程度，字斟句酌被赞称为“推敲”。他的诗词追求奇特、独树一帜，讲究铸字炼句，以严谨雕琢之工体现严谨精进、不随大流的科学态度与精神，他的“两句三年得，一吟双泪流”也被世人传为佳话。

① 参见童恒萍：《墨学精神研究》，人民出版社2010年版，第99～108页。

(八)历史学思想中蕴含科学精神

历史学作为中国最早也最成熟的学科之一,自古便蕴含着浓厚的考据实证科学精神。古人在考订古籍经典时注重史实,古人写史最重一个“实”字,没有根据的事不写。《史记》更是注重实证研究的典范,注重考证资料的准确、翔实。春秋时期,崔杼弑其君,太史如实记载,但是崔杼把忠于职守和秉笔直书的太史杀害了,太史的弟弟不畏强暴,仍然坚持如实记录,崔杼竟然又把太史的弟弟也杀害了。因而后世写史极重史实,因私废公为人所不齿,明太祖怕史官的故事也是流传久远。《史记》曾言“归本于黄老”,即认为道家发展出的哲学本体存在扬弃了以往的神秘宗教成分,还原了宇宙的物质本源,即纯粹是自然的天。天不但独立于人的意志之外,而且产生世界万物,世界万物都是天的具体化的产物,所谓“范天下之不一而归于一”①。历史学领域所体现出的就是实事求是的科学精神。西晋张华收集了西晋以前的天文、地理、物理、化学、生物、医药、音乐、工艺等方面的知识,并对其系统化而编纂了《博物志》。南北朝时,出现了《经律异相》《诸经要集》《法苑珠林》《释氏六帖》等博物学专著。纵观之,中国丰富发展的多学科文化载体都丰盈充溢着中华民族的科学精神。

中华文明生发期开始至隋唐以前,古代科学技术发展涉及天文历算、冶金铸铜、农桑医卜等方面,农学、天文、数学及医学具有丰富的实践基础,这四个领域形成了更加成熟的科学理论体系,同时注重实际的应用效果。古代科学经过两汉、魏晋时期的发展,至隋唐、宋元时期达到新的历史高峰,“建立于隋唐以来雄厚经济基础上众多的科技成就只是进入宋元以后才得到了系统的总结和充分的显示:毕昇发明活字印刷术,比欧洲早400年;北宋时指南针应用于航海事业,南宋时经阿拉伯人传到欧洲,唐朝末年,火药开始用于军事,北宋时军事上广泛使用火药,元朝时经由阿拉伯人传到欧洲。天文历法上,沈括的‘十二气历’,英国在800多年后,才编订出类似的历法。郭守敬的《授时历》,同现行公历一年的周期相似,然而比现行公历的确立早300年;秦九韶、李冶、杨辉、朱世杰四大数学名家的成就位居世界前列。技术上,王祯的《农书》、一系列中医学著作、三十二锭水轮纺车、水运仪象台和《武经总要》、大城市建设的《营造法式》、船坞和水密隔舱、煤冶金和大风扇鼓风的出现,均在当时属世界的一流成就”②。

① (清)段玉裁:《说文解字注》,上海古籍出版社1981年影印版,第77页。

② 薛少鹏:《当代科技及发展趋势》,西安政治学院训练部,2006年,第4页。

（九）农学研究中蕴含科学精神

成书于春秋时期的《管子·地员》是古代土壤学专篇，《吕氏春秋》中的《上农》《任地》《辩土》《审时》也都是自成体系的农学专篇。《汉书·艺文志》记载春秋时期还有《神农》《野老》两部专门研究农业的专著。与此同时，在农学上，贾思勰的《齐民要术》系统总结了农业生产的实践经验。明初，李时珍完成的《本草纲目》对植物分类采用了比较系统明晰的析族分类法，这是一种植物研究的科学研究方法，比1753年出版的《自然系统》一书提出的现代植物分类方法早了150年。明崇祯十二年（1639年），由陈子龙校勘的徐光启的毕生力著《农政全书》问世，在此前后还有浙江桐乡佚名的《沈氏农书》和张履祥的《补农书》，提出了改变农业经营发展的科学思想。宋应星的《天工开物》详细记录和总结了我国古代农业和手工业技术的科学思想，同时《论气》一书也系统论述了物质实体不灭的基本思想，蕴含着深刻的科学精神。

此外，其他一些社会科学领域也蕴含科学探索的历史和科学探索的精神，如我国传统中医学蕴含辩证理性精神。中医学认为人体是各部分器官有机联系的整体，并用阴阳五行学说说明五脏之间相互依存、相互制约的关系，进而形成天人相应的理论、脏腑学说、经络学说、五行学说、阴阳学说，以这些学说来研究人体和疾病，充满了辩证法思想。《黄帝内经》更是开创了易学与医学结合的先例，使医学成为追本溯源的科学学说。再如，东晋葛洪开始研究万物的运动变化，认为“变化者，乃天地之自然”，还认为铅可以变成红色的铅丹（即四氧化三铅），用药物可以人工制造雨、雾、冰、雪等。这一思想使道教进入了一个炼丹术发达的时代，而炼丹术是近代化学的先驱，其通过实验来达到利用物的目的，无意中促进了古代实证化学的发展。

由此可见，社会科学及自然科学各领域的种种思想都体现出辩证求真、敢于质疑、勇于批判、不畏艰难、勇于探索的求真求实的科学精神，这种科学精神自古至今一脉相承于中华民族的种种文化形式中，隐含中华民族永恒的科学精神追求。因此，在高校思政教育中我们要注重挖掘中华优秀传统文化血脉中蕴含的科学精神和科学家精神，组织学生进行专题式研讨、分组式讨论，使学生在研究与讨论中更加深刻地认识到中华优秀传统文化血脉里的科学精神，在注重实现中华优秀传统文化创造性转化和创新性发展中践行新时代科学家精神。

二、中华民族文化心理中蕴含科学精神

李泽厚认为:“所谓‘文化心理结构’,归根究底,本就是指在文化传统长期塑造下的人们心理中情理结构的特定状态,它主要表现为自然情欲和社会理性的不同比例、配置和关系的组合。”[①]许苏民认为,民族文化心理结构是“民族历史地形成的生存条件的内化和民族的观念形态的文化在社会中的人的心理中的凝结沉淀,是由共同的民族文化背景所塑造、陶冶而成的共同的基本人生态度、情感方式、思维模式、致思途径和价值观念诸方面所组成的有机的总体结构”[②]。黑格尔将民族文化心理结构称为“民族精神”,认为民族精神构成一个民族意识的其他种种形式的基础和内容。本书认为,科学精神就是在人类社会实践过程中形成的符合科学规律的思维认知方式、情绪情感特征、行为意志表达及价值规范取向等,反映了人类历史实践中的理性、怀疑批判、求真实践、协作包容等符合科学规律的精神的传承,是一个民族持续发展的核心精神,展现了一个民族的性格特征及精神气质。因此,探索中华民族文化心理结构中的科学精神,需要聚焦民族心理结构(思维认知、情绪情感、意志行为)、性格特征、精神气质等,以发掘中华民族文化心理中蕴含的科学精神和科学家精神。

(一)中华民族“知、情、意”结构中蕴含科学精神

1.民族思维认知结构中蕴含科学精神

第一,尊“道”循“道”的科学思维认知。“道”是道家思想中最为重要的范畴,它否定了传统人格神的主宰地位,形成了关于世界总体和本质的理性观念,道强调把握和形成对事物的科学规律性认识,这是一种科学的思维认知方式。道家认为道是天地万物的根源和基础,是统领、支配天地万物和人的总规律、总法则,“有物混成,先天地生。寂兮寥兮,独立而不改,周行而不殆,可以为天下母”[③],“道者,万物之所由也”[④]。道是天地万物的根本规律,故人类必须循道而行,“是以万物莫不尊道而贵德。道之尊也,德之贵,夫莫之命而常自然”[⑤],“以

① 李泽厚:《中日文化心理比较试说略稿》,《明报月刊》(香港)1998年第4期。

② 许苏民:《中华民族文化心理素质简论》,云南人民出版社1987年版,第3页。

③ 《道德经》。

④ 《庄子·渔父》。

⑤ 《道德经》。

辅万物之自然而不敢为"[①]，尊道即是遵循顺应自然规律。老子将道作为万物之母，即通过设定一个最高真实给万物寻找到本体论之根，以揭示万物形成有一个最初的共同开端。老子以道对宇宙做出唯埋主义解释，使其描述的世界成为一个有秩序的、合规律的、变化的世界。老子揭示了科学所形成的本体论基础，而他所提供的关于道的知识体系就是关于现象世界的真理性知识的终极解释，这使道具有了科学文化的特征，成为科学的形而上学，科学上最为可贵的原创能力由此构成。后来，庄子认识到万物是具有本性的存在，"天地固有常矣，日月固有明矣，星辰固有列矣，禽兽固有群矣，树木固有立矣"[②]。其中，"固有"就是指事物的本性，而万物的本性就是"道"，万物中的"不得不"就是万物的本性，也就是"道"。这标志着"道"由抽象走向具体，向着科学思维具体发展。庄子还提倡追问万物的本性，"道行之而成，物谓之而然……物固有所然，物固有所可。无物不然，无物不可"[③]，"年不可举，时不可止；消息盈虚，终则有始。是所以语大义之方，论万物之理也"[④]，以此揭示了时间("年""时")是无止无终的，但一定时间段的运动变化却是有规律可循的，我们要认识万物的科学发展规律。

第二，"唯物""辩证"的科学思维认知。科学首先要承认物质的客观存在，还要承认物质存在的空间，即在"有"之外还应存在一个"无"，如此科学才能成为可能。道家老子首先发现了"无"，并提出了对"物"的认识，以至于当时成为一个追问物之性的时代，这也使科学成为可能。同时，道家的理性思维还体现为一种辩证精神。《周易》认为事物由两个方面构成，老子发展了这一认识，将组成事物的两个方面中的一个虚化，以"阳"表示，另一个表示事物的实体，以"阴"表示——万物便由"阴"和"阳"结合而成。老子认识到事物本身就存在对立，一个事物中既有肯定自身的规定性，也有否定自身的规定性，并在此基础上提出了科学认识，如"少则得，多则惑""祸兮福之所倚，福兮祸之所伏""物或损之而益，或益之而损"[⑤]等。老子在对事物的认识上继承了八卦的对立、差异、类思维及变化等科学思维认识方式，辩证理性思维与现代科学研究的质性研究思路契合，具有现代科学精神内涵。道家还以"善利万物而不争"的宽阔胸怀和"祸福相倚"的辩证智慧引导人们从更高、更广的视角来看待物质利益和眼前得失，告

① 《道德经》。

② 《庄子·天道》。

③ 《庄子·齐物论》。

④ 《庄子·秋水》。

⑤ 《道德经》。

诫人们不要为声名、财货这些世俗利益而丧失自我，扰乱宁静的心灵，损害身心健康，而要“安时而处顺”“不与物迁”[①]等。

第三，“求真”“求善”统一的科学思维认知。科学活动的目的是求真，是要获得对客观世界的正确认识，斥虚去诈、实事求是才能达到目的。道家具有“见素抱朴”“求真尚朴”的价值原则，视“朴”“真”等为最高思维认知准则，主张保持淳朴天真的自然本性，保持、发展自身的本质和规定性，使天下“复归于朴”。在先秦诸子中，道家也是最具有平等精神的学派，道家的“道”既表征宇宙本体，又代表人敞开的心灵。作为宇宙本体的“道”揭示了世界的一种自然的真实性存在，作为人敞开的心灵的“道”则内存着对平等、求善的价值追求，即“道”是这种求真与求善的合一。老子在把“道”预设为宇宙本体的同时又将其提升为价值本体，赋予“道”以“求真”和“求善”的平等意义。孔子认为“天无私覆，地无私载”[②]，这意味着“天道”就是对每个人都平等的“公道”。庄子认为，一旦人的自由本性得到自然的开显，就会以宽容的心态去善待一切，自觉尊重他人的权利，展开平等对话，从而使人与人之间保持和谐、均衡、平等的状态。道家最大限度地宣扬了平等精神，提出了平等的落实在于利用人的自然天性以实现自身的目的，其价值追求中展现了它们合规律性（包括合乎人性要求）与合目的性相统一的科学精神。

第四，量化与逻辑并重的科学思维认知。胡适说：“中国的学派只有‘别墨’这一派研究物的所以然之故。根据同异有无的道理，设为效、辟、侔、援、推各种方法。墨家名学的方法，不但可为论辩之用，实有科学的精神，可算得‘科学的方法’。”[③]墨家对科技经验知识的总结提炼以科学实验和理论逻辑方法为基础。“故”和“法”是墨家表示世界本体因果性和规律性的基本范畴。“故”即原因，“故”概念的提出表明了普遍的因果联系，如“故，所得而后成也”[④]，“小故，有之不必然，无之必不然。体也，若有端。大故，有之必然，无之必不然。若见之成见也”[⑤]。“法”即法则、规律，“法，所若而然也”[⑥]，“意、规、圆三也，俱可以为法”[⑦]。

① 《庄子·养生主》。

② 《礼记·孔子闲居》。

③ 胡适：《中国哲学史大纲》，古吴轩出版社2017年版，第151～152页。

④ 《墨子·经上》。

⑤ 《墨子·经说上》。

⑥ 《墨子·经上》。

⑦ 《墨子·经说上》。

墨家认为万事万物有“其然也，有所以然也”[①]，科学认识的任务在于探索自然事物及现象变化的原因，“摹略万物之然”[②]。为使“故”这个范畴进一步深化和具体化，墨家又提出了“宜”这个概念，“五行毋常胜，说在宜”[③]。由于“宜”表明原因存在的实在性量度，是以量的形式表现事物存在及其变化的度量界限和具体条件，所以离开“宜”来寻求原因就会产生“狂举不可以知异”[④]的不良后果，而不能真正认识事物的因果联系。同时，墨家认识论以“过物之知”与“论物之知”即感性认识和理性认识为主线，揭示了思维认知的过程结构、主要途径、功能等，建构了一个具有科学性的认识论纲领。“知，接也”[⑤]，说明感性认识是主体感觉器官与客观事物发生作用的结果；“智，明也”[⑥]，强调理性认识是人的思维认知的更高层次，是对感性认识上升至对事物内部联系的深刻认识，确立了理性认识的显著地位，把认识论提升到新的科学性的高度。墨家用逻辑推理的方法揭示了事物所以然的根据和理由，而科学发展正是对事物现象进行深入研究，以逻辑思维方法找出事物现象背后的原因和规律，并以概念、判断、推理等形式将其清晰地表达出来。墨家在《墨子·非攻》中提出“谋而不得，则以往知来，以见知隐”[⑦]，强调思维（“谋”）要根据过去的经验来推知未来，从现象深入隐蔽的本质，可见墨家具有应用逻辑推理的理性思维和科学意识的自觉性。同时，注重“赖其力者生，不赖其力者不生”[⑧]，反映了墨家强调客观实践力量的思维取向和科学实践性。

第五，质疑、批判的科学思维认知。中华文明是唯一没有中断并以国家形态绵延至今的文明，其他三个古文明（古巴比伦文明、古埃及文明、古印度文明）要么灭绝，要么被外来文明取代，而中华文明历经五千多年风雨的洗礼依然绵延不绝、富有生机，正展示了中华民族文化具有在演进中不断批判、借鉴、吸收、消化、接纳、认同优秀人类精神而不断壮大自身的理性思维。科学理性的思维正是一个民族绵延不绝的根本所在。春秋时期，由于经济落后，科技不发达，没

① 《墨子·小取》。

② 《墨子·小取》。

③ 《墨子·经下》。

④ 《墨子·经下》。

⑤ 《墨子·经上》。

⑥ 《墨子·经上》。

⑦ 《墨子·非攻》。

⑧ 《墨子·非乐》。

有科学理论且延承了商朝祭祀的活动，所以信鬼神是一种普遍的社会现象。孔子却强调“务民之义，敬鬼神而远之”[①]，“未能事人，焉能事鬼？”[②]，主张以人为本，不信鬼神，这体现出独立自主、不盲从潮流、敢于质疑的科学精神。儒家注重集思广益，批判借鉴，择善而从，奖励独立思想，鼓励质疑，这实质上体现的就是民主、批判、求真的科学思维认知方式。对于弟子颜回，孔子说：“回也非助我者也，吾言无所不说。”[③]然而，他又说：“吾与回言终日，不违，如愚。退而省其私，亦足以发。”[④]孔子鼓励弟子们提出疑问，提出反对意见。这种质疑精神孟子表现得更加彻底，他曾说：“尽信书不如无书。”[⑤]质疑、批判科学思维的目的在于在科学批判中把握真理，因为孔子认为万物有其自然而然的本性，“天何言哉？四时行焉，百物生焉，天何言哉？”[⑥]批判是科学的生命，质疑是科学的起点。屈原在《天问》中提出了宇宙起源、天体形成、日月运行、物质结构等自然现象、神话传说、历史记载方面的问题，展现了自由、求实、勇于批判的科学精神。屈原在《天问》中首先对天体起源问题苦苦探问：“遂古之初，谁传道之？上下未形，何由考之？冥昭瞢暗，谁能极之？”即关于宇宙起源的认识是谁传下来的，天地还未形成的时候如何能考察出来，那时昼夜未分、浑浑沌沌谁能弄得清楚。面对这一系列的问题，他并没有囿于已有的结论，而是不断地去质疑、探索、发现，进而探问：“九天之际，安放安属？隅隈多有，谁知其数？”“东西南北，其修孰多，南北顺椭，其衍几何？”即进一步追问道：九天之间，天是圆的吗？如果天地两个都是圆的，那它们是正圆还是椭圆？如果是椭圆，是南北短还是东西短，短的程度又是怎样？他以“假设—推演—实证”的思维方式不断进行科学的质疑和探索，表现出勇于批判质疑的科学思维认知。

2.民族情绪情感结构中蕴含科学精神

中国科学院院士潘建伟认为，那种源于内心激情、轻视功利性的探索精神是一种科学精神，即由于自身的好奇心或者出于兴趣或者源于内心激情的探索而去驱动科学发展的精神。

---

① 《论语·雍也》。

② 《论语·先进》。

③ 《论语·先进》。

④ 《论语·为政》。

⑤ 《孟子·尽心下》。

⑥ 《论语·阳货》。

第一，“致中和”的理性情绪实质是一种遵循情绪发展科学规律的根本情感。“贵和持中”“发乎情止乎礼”等中华民族情感体现了一种理性精神，“和”“中”“礼”等都是情绪的理性表达，情绪理性往往源于认知理性，理性情绪以理性科学认知为基础，由此可知中华民族理性情绪内蕴对理性科学精神的根本遵循。《礼记·中庸》指出“喜怒哀乐之未发，谓之中；发而皆中节，谓之和。中也者，天下之大本也；和也者，天下之达道也”，即喜怒哀乐等情绪没有表现出来之前为“中”，是不偏不倚、不过不及的“平衡”，喜怒哀乐等情绪表现出来但又都符合常理法理即为“和”，“平和”或“中和”是情绪的合“礼”、合“理”表达。儒家文化主张“以礼（理）节情”，在“礼”的范围内表达情绪，防止欲望、情绪、行为等“逾矩”，如“《关雎》，乐而不淫，哀而不伤”[①]强调了情感的节制及理性表达。南宋理学代表人物朱熹曾言：“喜、怒、哀、乐，情也。其未发，则性也，无所偏倚，故谓之中。发皆中节，情之正也，无所乖戾，故谓之和。大本者，天命之性，天下之理皆由此出，道之体也。达道者，循性之谓，天下古今之所共由，道之用也。此言情性之德，以明道不可离之意。”[②]他认为中和情绪是“情性之德”，“明道”认知与“中和”情绪不可分离。道家则主张“以理化情”，即以高度的认知理性化解情绪之扰，因理而不为情所扰乱。这与西方哲学家斯宾诺莎的观点一致：“心灵理解到万物的必然性，理解的范围有多大，它就在多大的范围内有更大的力量控制后果，而不为它们所苦。”[③]可见，无论是儒家的“以理节情”还是道家的“以理化情”都体现了中华文化情理结合、寓情于理的特点，“中和”情绪内蕴民族遵循理性、科学的情感品质。

第二，在强调“志气”等内在情感需要中体现出一种科学精神品质。中华传统文化极为看重人的“志气”这一情感发展需要，并常常把“志”和“气”二者联系在一起，强调“志”的内在需要与“气”的情感特征的关系。志为气之神，气为志之形，志为气之帅，气为志之用，志持于内，气动于外，志以动气，气以实志。[④]有了志，立定了志向，才能统率、调动和运作人之气，使人形成恢宏的气魄与气量，并把气转化为力，推动人的行为。因此，志可以动气，气可以运力。无志不可以动气，无气不可以齐志。宋代理学家真德秀曾言：“志谓心志，气谓血气。学者

① 《论语·八佾》。

② 《四书章句集注·中庸章句》。

③ [荷兰]斯宾诺莎：《伦理学》，贺麟译，商务印书馆1997年版，第243页。

④ 参见骆郁廷：《精神动力论》，武汉大学出版社2003年版，第38～50页。

若能立志以自强，则气亦从之不至于怠惰。如将帅之统率，有纪律，有号令，则士卒虽欲惰而不可得。苟心志不立，而未免为血气所使。孟子曰：'志者，气之帅也。'盖志强气亦强，志惰则气亦惰，如将勇则士亦勇，将惰则士亦惰也。"[①]孔子曾言："三军可夺帅也，匹夫不可夺志也。"[②]人若无志失志，人便不可立，"志"标识了中华传统文化思想的根本情感需要。朱熹言："立志要如饥渴之于饮食。才有悠悠，便是志不立。"[③]志是人自身发展的情感需要，人对志的渴求犹如对饮食的渴求一样，是人的内在需要。王阳明也曾指出："夫志，气之帅也，人之命也，木之根也，水之源也。源不浚则流息，根不植则木枯，命不续则人死，志不立则气昏。"[④]墨子言："志不强者智不达。"[⑤]以上均强调了"志"对"气"的规引，体现了情感发展的理性规范及其方向，强调只有远大的志向和坚强的意志才能激发人的发展动力，是成就科学伟业的情感内核。

第三，中华文化强调情感的理性表达，以及将理性认知与情绪情感辩证统一起来。中华传统文化在儒、释、道三位一体文化心理结构滋养下体现了对理性智慧境界的追求，"即世间而出世间"的这种理性智慧体现在富有弹性的人生逻辑思维中。得意时以"用世"，失意时以"用生"，从而使个体面对可能出现的心理失衡、疏离情绪等能够用各种不同的文化思想应付自如，理性智慧由此显现，保证了社会的安定繁荣与和谐统一，因此中华传统文化具有一个完整意义上的"理性智慧"。"理性智慧"是促使有机体（个体、群体、民族等）建立合理生命秩序、赋予生命以自力更生的旺盛生命力的智慧。例如，"中和""志气"都是以理性为基础的情绪表达，理性在先，情感在后，"情理结合，以理节（化）情"；"理性"以达到平和情绪为目的，"礼之用，和为贵"，"和"是终极价值，而没有理性节制的为和而和也是不行的，正如《论语·学而》所言："先王之道，斯为美；小大由之。有所不行，知和而和，不以礼节之，亦不可行也。"中华优秀传统文化实质上蕴含着"真性情"的理性表达，这使中国人既在理性中得到情感满足，又不乏理性气度，理性中不乏情感超越，情感超越中有理性，是人们真性情及生活智慧的表达，这本身就是一种生活的科学精神。

---

① （宋）真德秀：《真文忠公文集·问志气》。

② 《论语·子罕》。

③ 《朱子语录》。

④ 《王阳明全集·示弟立志说》。

⑤ 《墨子·修身》。

3. 民族意志行为结构中蕴含科学精神

第一，坚韧不拔的民族意志蕴含执着求索的科学品质。“尚志”思想是中华民族对人坚强意志品质的根本崇尚，它强调人要以顽强的意志始终不渝地坚持和实现目标志向。“志”是心的主宰，是人心理结构中的根本精神要素。所谓“志”，就是“心之所之(止)”，即心中的理想目标，强调的是实现目标的意志力。“志谓心志。”[①]王夫之言：“人之所以异于禽兽者，唯志而已矣。不守其志，不充其量，则人何以异于禽哉？”[②]志是人与动物的根本区别，他还指出：“志者，人心之主。”[③]孟子说：“夫志，气之帅也。气，体之充也。”[④]志是气的统帅，人有志，才能凝神聚气、精神振奋，产生高昂的士气和旺盛的精力，积极实现理想目标。《周易·乾卦·象传》把中华民族所具有的执着求索的科学精神寓于“天行健，君子以自强不息”的深刻表达中，强调人们为了实现人生志向和理想要像天地运行的客观规律一样自强不息、奋斗不已，科学精神本身蕴含着顽强拼搏的精神和坚强坚韧的意志品质。同时，民族精神也强调了意志的磨炼与达成问题。孔子说：“岁寒，然后知松柏之后凋也。”[⑤]即人应像松柏一样经受得住严寒的考验，同时要“磨而不磷，涅而不缁”[⑥]。孟子认为，大丈夫应有百折不挠的坚强意志，在任何情况下都能不改变志向，做到穷且弥坚，不坠青云之志。荀子曾言：“岁不寒，无以知松柏；事不难，无以知君子无日不在是。”[⑦]他强调“锲而舍之，朽木不折；锲而不舍，金石可镂”[⑧]。中华民族精神强调的“志”就蕴含着执着求索的科学精神品质，同时中华民族精神注重在艰苦环境中磨炼“志”，如孟子言：“故天将降大任于斯人也，必先苦其心志，劳其筋骨，饿其体肤，空乏其身，行拂乱其所为，所以动心忍性，增益其所不能。”[⑨]只有锤炼心志、磨练意志，才能有所作为、有所担当，实现理想与目标，而这种异于常人的坚韧不拔的意志正是科学研究中所必须具备的意志品质。

---

① (宋)真德秀：《真文忠公文集·问志气》。

② (清)王夫之：《思问录·外篇》。

③ (清)王夫之：《张子正蒙注·太和篇》。

④ 《孟子·公孙丑上》。

⑤ 《论语·子罕》。

⑥ 《论语·阳货》。

⑦ 《荀子·大略》。

⑧ 《荀子·劝学》。

⑨ 《孟子·告子下》。

第二，重实践的民族行为中蕴含科学实证品质。《论语》中提到“子入太庙，每事问”[①]，即儒家孔子强调对每件事都应该亲自过问、亲自考察、亲自作为，这体现了一种重实践、讲实证的科学精神。孔子说：“知之为知之，不知为不知，是知也。”[②]这体现出实事求是的求真精神，强调人要正确地对待和处理事情，脚踏实地。此外孔子的求真精神还表现在了实践方面。孔子的实践主要表现在两个方面：一是孔子知识来源的实践性，二是孔子对已有知识的实践性。孔子的一生大多是在流浪奔波中度过的，孔子在30岁左右时入周问礼，35岁时入齐，56岁至68岁时周游列国，广泛吸取各国的先进思想，实践取知。孔子重行还在于强调学习后最重要的是“行之”，不要“巧言令色”，要“躬行”。从中可以看到孔子求真务实、一切从实际出发的实践精神，这与我们新时代呼吁一切活动必须从客观现实出发，排除那些主观臆断性的感性思想相呼应。墨家注重以科学实践为基础的经验主义和以逻辑思维为根本的理性主义的结合，尤其强调从生产实践中概括总结科学理论，对应用科学、数学、物理学等特别重视。墨家把知识分为闻知（传授而得的知识）、说知（类推的知识）、亲知（亲身经历而得的知识）三种。墨家特别重视把知识运用于实践，这是墨家科学思想的根本目的。《墨子·经上》说：“知，材也。”“知材”是指人的认识能力，是所以知的主观条件。“虑，求也。”“虑求”是人的求知欲望。“知，接也。”这里的“知接”仅指人同外界接触形成的感觉。“恕，明也。”“恕明”是指人通过推论进一步认识事物。

第三，勤于实验探究的实证行为中蕴含科学精神。墨家重视实验教学，开创了中国古代教育史上重视实验、观察与实际操作的先河。在科学研究过程中引入科学实验环节，如墨家提出以“取”验证知识的观点，“今瞽曰：‘钜者白也，黔者黑也。’虽明目者无以易之。兼白黑，使瞽取焉，不能知也。故我曰‘瞽不知白黑’者，非以其名也，以其取也”[③]。意即现在有一个盲人说：“钜是白色，黔是黑色。”即使是眼睛好的人，也没有办法改变这一现实。但如果把白色和黑色混到一起，再叫盲人去分辨，他就不能知晓了。所以说盲人不知道黑白，不是因为概念，而是因为实际上的区别。墨家在这里提出了一个重要的思想，即以“取”验知，注重以实践、实际应用来检验知识的可靠性。《墨经》光学八条也记载墨家有效运用实验教学法传授自然科学知识与工艺技术，如对小孔成像的实验和正确的解释，在世界科学史上是最早的。

① 《论语·八佾》。

② 《论语·为政》。

③ 《墨子·贵义》。

第四，以墨家为代表的中国古代重实证的科学精神蕴含在其深刻的科学实证思想中。墨子说："故言必有三表(即三个标准)。何谓三表？子墨子言曰：有本之者，有原之者，有用之者。"[①]也就是说，既要依据史籍上的古人的间接知识，又要用百姓耳目所接触的实际经验予以验证，并要把它应用于实际，观察是否于国家、百姓有利，即注重以实证检验的方式把握其科学性能。此外，《墨经》中其他有关几何学、力学、光学的实证研究也相当详细且丰富。可见，墨家思想是具有认知理性精神和科学理性精神的思想。墨家论知识，注重经验，注重推论。看《墨辩》中论光学和力学的诸条，可见墨家学者真能做许多实地实验。这是真正科学的精神。[②]墨家讲求"察类故""以往知来，以见知隐"等原则，"察类"就是要求注意概念内涵与外延的确定性，如墨子在驳斥"好战之君"混滑"攻"与"诛"区别时指出："子未察吾言之类，未明其故也。"[③]这里的"类"就是指一般概念，"夫辞以类行者也，立辞而不明于其类，则必困矣"[④]，也就是认为判断(辞)须依据类进行。墨家依据"察类"的原则，认为应坚持以类取，以类下五原则进行推理，异类不比。"察类"方法使墨家能够将自然界、人类知识及思维作为独立的对象进行研究，"察类"是为了进一步"明故"，"故"是原因，"明故"就是要探究事物间的因果联系，追问事物"所以然之理"。这种勤于探究追问的气质中蕴含科学追问的精神实质。

(二)中华民族文化性格特征中蕴含科学精神

1.中华民族自强不息的性格特征中蕴含开拓进取、不屈不挠的科学精神

道家认为在人类社会和世界万物之外，有一个独立的客体存在，它是自然而然的实在本体。世界万物是道的具体形态，即道的客观化或对象化的产物，而世界万物的发生、发展和变化也正是道的自身运动的结果。因此，道一方面具有本体论的意义，另一方面还有规律性的意义。"有物混成，先天地生。寂兮寥兮，独立而不改，周行而不殆，可以为天下母。吾不知其名，强字之曰'道'，强为之名曰'大'。"[⑤]"先天地生"的道的本体存在性是老子的根本观念，"独立不

① 《墨子·非命》。

② 参见胡适：《中国哲学史大纲》，河北教育出版社2001年版，第169页。

③ 《墨子·非攻下》。

④ 《墨子·大取》。

⑤ 《道德经》。

改,周行而不殆”表明道自身的运动不止、自强不息的特点。道生万物,万物复归于道,这是道的本身规定的事物规律。中华民族历经几千年风雨兴衰,“道”的这种自强不息的精神已深深熔铸在中华民族的生命力、创造力和凝聚力中,成为中华民族生生不息的精神动力,构成中华民族的性格特征和精神状态。“天行健,君子以自强不息。”自然的运动刚强劲健,相应于此,君子应刚毅坚贞,发愤图强。自古以来中华民族都强调做人要不屈不挠,永远向上,如墨家倡导实践中积极进取的精神,注重艰苦卓绝奋斗、勤俭刻苦自律、坚持不渝努力以及以身殉义、视死如归、义无反顾的精神品格对人们强劲的影响力和人格感染力。民族、国家、社会的群体意识在这种传统文化传承下来的人格精神中得到体现,正是这种精神持续支持了民族的团结奋斗、救亡图存、自强自立,中华民族精神正是这种不屈不挠、不断进取的理想人格的凝聚。这种积极进取、前赴后继、宁死不屈的精神和一往无前的大无畏的勇气正是科学精神的理想人格的构成,这种理想人格的积极内容促进了中华民族的发展进步。

2.中华民族崇实黜虚、求真务实的性格特征中蕴含求真求实的科学精神

中华传统文化向来注重现实,排斥华而不实,拒绝虚妄空想,倡导实事求是。中华传统文化思想具有求“是”的科学精神,即求真理、求道理、求智慧等精神品质。例如,墨家注重让学生在学习生产技能、军事知识、自然科学、辩论等综合知识的过程中提升实事求是的思想能力,在亲身实践中把握和探求事物本质,让学生养成一切从实际和实践出发的思考习惯,并以实践结果加以检验,以求在思考和实践中获得真知灼见,这就是崇实求真的科学精神品质。同时,墨家在生产实践过程中善于手工制作,熟悉各种工艺,并能从制作工艺实践经验中总结几何学、力学、物理学等各种科学理论,这使研究不仅停留在思辨倾向的科学性上,而且将观察、实验等求实方法纳入科学活动。后期墨家对自然现象的认识又不简单地停留在直观观察和直觉想象相结合的水平上,而是在应用理性思维观察分析基础上进行严密的科学实验。墨家在手工操作和技艺运用的生产实践中总结经验,学习科学知识,运用实验发现理论、检验理论。墨家科学研究活动自始至终都与生产实践活动相结合,《墨经》也始终体现着求真求实的科学实验是获得自然科学知识的重要手段,体现了以墨家为代表的中华民族崇实黜虚、求真务实的性格特征中始终蕴含科学精神的优良品质。

3.中华民族不依附他人的独立民族性格特征中蕴含客观独立的科学精神

中华民族一直具有不依附他人、追求独立人格的性格特征，如道家庄子理想人格中就包含敢于怀疑、理性批判、遵循自然规律以及思想自由、尊重个人尊严等特征，其实质就是超脱世俗羁绊、不为外物所累的独立人格和自主精神，这是科学活动必须具备的精神特征。"常道"或"大道"是世界本质或自然万物的根本规律或至善至美境界。庄子之所以不为外物所动，不问利害，是因为他有着对于"道"这一最高真理的向往和追求。因此，追求"体道""悟道"实质上是力图超越现有或表象世界，认识世界的本质或万事万物的根本规律，用庄子的话来说也就是"极物之真"[①]。他认识到超然物外的品格对这种探寻"真知"的过程是十分重要的。《庄子·天道》中说："天下奋棅而不与之偕，审乎无假而不与利迁，极物之真，能守其本，故外天地，遗万物，而神未尝有所困也。通乎道，合乎德，退仁义，宾礼乐，至人之心有所定矣。"要"极物之真，能守其本"必然要"外天地，遗万物"。庄子所推崇的这种超然物外的精神就是一种客观独立的科学精神，它要求科学研究中应具备不畏权势、坚持真理的独立人格和自主精神以及不为功名利禄心动的恬淡心态等，以此才能真正做到不受权威和社会偏见的束缚，不受常规和习俗的束缚，心无旁骛地潜心科学，探寻真理。

（三）中华民族文化精神气质中蕴含科学精神

1.重气节的精神气质中蕴含科学精神

气节反映的是一个民族面对利益、诱惑等的精神坚守，是秉承科学、客观判断态度基础上的精神气节，是不为利益所诱、不为不公所屈、坚守内心法度的精神气质，其精神实质是对真相、真理的坚持，是对歪曲、不公等非科学精神的无声批判，表现为中华民族英雄豪杰不为不公而苟全性命，不为威权而卑躬屈膝，屡遭劫难而不弃节操等，这是中华民族绵延数千年而历久弥坚的真理标识，彰显了求真求实科学精神的生命力量。只有符合科学的事物，才是具有生命力的事物；只有具有科学精神实质的气质，才是人类永恒的生命气质。孟子提出了舍生而取义的思想，高扬了人不可屈服的人格尊严，其积淀为中华民族刚健有为、自强不息、奋发进取的精神气质。在国家危难、民族存亡、性命攸关的紧急

① 《庄子·天道》。

关头，气节成为无数志士仁人坚守节操、抵御侵略、英勇献身的道德精神力量。因此，中华民族重气节的精神气质内含科学精神的实质和核心精神向度，中华民族重气节的精神气质蕴含立场坚定的科学精神。

2.不为物累、宠辱不惊的独立风骨中蕴含科学精神

中华民族超然物外、不为物累的精神气质中蕴含超然超越的科学精神境界。英国科学史家丹皮尔(W. C. Dampier)曾说："科学主要是追求纯粹知识的自由研究活动，如果实际的利益随之而来，那么是副产品，纵然它们是由于政府的资助而获得的发现。如果自由的、纯粹的科学遭到忽略，应用科学迟早也会枯萎而死的。"[①]对科学真理"大道"的探索追求胜于对科学真理的占有，除探索之外别无他求，这种注重探索科学"大道"、为科学而科学的精神蕴含在道家超然的精神品格中。"道家'不为物累'、'物各有宜'等主张则是蕴育科学主义精神的沃土"[②]，道家庄子提出的超越物外、不为物累的思想成为今天科学精神的重要思想渊源。庄子提出要"忘乎物，忘乎天，其名为忘己。忘己之人，是之谓入于天"[③]。只有"忘己"才能与天地融为一体。庄子"忘己而自适"的境界启示人们以一种平衡而宁静的心态对待个人的利害、荣辱、生死，在逆境中超脱、奋起。"吾所谓臧者，非仁义之谓也，臧于其德而已矣。吾所谓臧者，非所谓仁义之谓也，任其性命之情而已矣。"[④]庄子认为世界上最完美的并非仁义，而是完整的个体生命和独立的人格。庄子这一"身重于物"的思想冷静而理智地告诉人们，要抵制无限膨胀的物欲，发现人自身生命的价值才是最重要的，这都蕴含着中华民族性格特征中的科学精神。每个人都生活于特定的文化传统中，都身体力行地践行着某种文化精神，反思批判精神是独立人格的突出表现。道家主张超越世俗的物质欲望，倡导淡泊名利、俭啬寡欲的人生态度。老子告诫人们"祸莫大于不知足，咎莫大于欲得"[⑤]，不要为财货物欲或名利地位而抛却人格，丧失自我。庄子反对"丧己于物"[⑥]。道家认为人生的真正幸福或快乐不在于外在的感官享乐，"借外物以乐之，外物虽丰，哀亦备矣。有主于中，以内乐外，虽无钟鼓，

① [英]W. C. 丹皮尔：《科学史》，李衍译，商务印书馆1997年版，第634页。

② 吕锡琛：《道家与民族性格》，湖南大学出版社1996年版，第102页。

③ 《庄子·天地》。

④ 《庄子·骈拇》。

⑤ 《老子·德经》。

⑥ 《庄子·缮性》。

乐已具矣”[①]。依靠外在的物质享受所获得的快乐是短暂而且浅薄的,“有主于中”的精神充实和“以内乐外”的精神快乐才是持久和可贵的。这种崇尚与自然相和、追求精神充实的信念,可以引导人们致力于科学探索、理论研究等创造性活动。

3.贵和有度、谦下包容的协作胸怀中蕴含科学精神

“不自见,故明;不自是,故彰。”[②]不固执己见、贵和有度、谦下不骄等这些思想有助于推动科学共同体成员相互合作交流、取长补短,与他人建立起积极联系,这种合作协调能力在科学活动中是必不可少的。孟子注重人与自然规律探寻间的科学合作观,他教育人们一切动植物都有依据季节变化而发育成长的生态规律,因此一定要认识规律,顺应规律,不要试图破坏规律。再者,人们必须依据万物生长变化的生态规律,按照一定的时序进行农业生产、砍伐取用和捕获渔猎,适度地获取生活资料,切勿因取之无度、用之无节而导致生态环境失衡,走向末路。这反映出一种理性信念,即客观世界是可以被认识的,是有规律的,人可以凭借理性的智慧和知识把握自然规律,要注重“时养”,既要顺应自然又要保护自然的科学思想蕴含着人与自然科学有度的相处关系,表达了人与自然和谐共处的科学合作思想。道家老子提出科学包容有度的思想,是谓“尺有所短,寸有所长”[③],“知止可以不殆”[④],“夫唯不盈,故能蔽而新成”[⑤],“物壮则老,是谓不道,不道早已”[⑥]。没有任何一门学科、任何一个学派,更没有任何一个人能够在真正意义上认识广阔无垠的大千世界,更不可能凭一己之力掌握世界的运行变化规律,所以在科学探索过程中必须允许不同看法与意见的存在,鼓励学术自由、学术争鸣,才能使人有所施为,而无所争夺,使人尽其才,物尽其用。科学探索只有坚持“海纳百川”的包容精神,汲取不同的知识,才能真正全面地认识世界、改造世界。

综上,通过对中华民族文化心理中科学精神的挖掘探索,我们认识到中华民族文化心理结构中一直蕴含坚定的科学精神,这是中华民族绵延发展的内在

① 嵇康:《答向子期难养生论》。

② 《老子·道经》。

③ 《楚辞·卜居》。

④ 《老子·道经》。

⑤ 《老子·道经》。

⑥ 《老子·道经》。

生命力。在高校思政教育中,我们要注重将中华优秀传统文化所蕴含的科学精神和科学家追求以现代话语呈现出来,熔铸现代心理结构,以科学精神为基点,培养新时代大学生自尊自信、理性平和、独立向上的精神品质,为海洋科学探索精神奠定人格基础。

第三章　新时代海洋命运共同体理念呼唤海洋科学家精神

新时代海洋命运共同体理念是党在把握世界格局变化大势基础上提出的海洋强国的新思想新战略，这必然要求加快海洋探索，也呼唤着海洋科学探索精神。可以从海洋与人类生命、海洋与世界联通、海洋与未来发展三个维度把握海洋命运共同体理念生成的必然性、必要性和可能性。实现人类的共同发展是海洋命运共同体理念的根本目标，海洋共同利益是海洋命运共同体理念涉及的主要内容，和谐合作是海洋命运共同体理念实现的主要方式。海洋命运共同体理念成为推进新时代中国特色社会主义国际海洋战略的行动指南，为实现中华民族伟大复兴提供了海洋强国的战略保证，为全球海洋秩序的建立提供了中国智慧，为此我们必然要加强海洋科学探索，发扬海洋科学家精神。

习近平主席曾指出："海洋对于人类社会生存和发展具有重要意义。海洋孕育了生命、联通了世界、促进了发展。我们人类居住的这个蓝色星球，不是被海洋分割成了各个孤岛，而是被海洋连结成了命运共同体，各国人民安危与共。海洋的和平安宁关乎世界各国安危和利益，需要共同维护，倍加珍惜。"[①]为此，习近平主席面向全世界首次提出了"海洋命运共同体"理念。科学准确把握新时代海洋命运共同体理念必须从其生成逻辑、核心要义、价值意蕴等方面进行探索，以形成新时代海洋命运共同体理念的立体认知，这对全面推进新时代海洋强国战略、大力弘扬海洋科学家精神具有重要意义，由此明确我们为什么要加快海洋科学探索、实现海洋科技战略领域走在世界前沿。

① 中共中央党史和文献研究院编：《习近平关于中国特色大国外交论述摘编》，中央文献出版社2022年版，第58页。

一、新时代海洋命运共同体理念的生成逻辑

世界是“人—社会—自然”的复杂系统，生态系统中的所有事物都相互联系、相互作用，没有任何事物能够单独存在发展，世界生态系统的整体性、统一性必然孕育着强调平等、合作、均衡的共同体价值观。①海洋命运共同体是以海洋为载体将人类命运紧密联结在一起的共同体，海洋孕育了生命，联通了世界，促进了发展，海洋命运共同体理念有生成的地理逻辑、历史逻辑和现实逻辑。

（一）新时代海洋命运共同体理念生成的地理逻辑

海洋与人类生命同源一体的自然属性使海洋命运共同体理念的提出具有必然性。地球表面积约为5.1亿平方公里，海洋总面积约为3.61亿平方公里，是陆地面积的2.4倍，占地球表面的71%。②海洋孕育了地球的生命，生态学理论认为，海洋是一个有生命力的生态系统，人类起源于海洋并随海洋的进化而不断发展。作为地球最大的生态系统，它影响着全球能量流动、物质循环与生态安全，大规模洋流运动对全球气候变化起着至关重要的作用。海洋作为人类交往的重要载体和生产生活资源的重要提供者，本身也具有自我调节、自我维持、自我进化的功能，是全人类的宝贵财富。海洋还是重要的生命保障系统，全球60%的人口居住在距海岸线100公里以内的海岸带地区，人类食用的20%以上的蛋白质来自海洋。人类虽然习惯将海洋划分为印度洋、大西洋、太平洋、北冰洋等海域，但无论将海洋进行怎样的分割，海洋在客观上都是一个不可分割的整体，海洋天然的连通性和开放性将人类完整地连接在一起。人类与海洋是一个命运共同体，而且人类越发展，与海洋的关系就越密切，尤其随着科学技术的进一步发展，人类对海洋的认识和利用将进一步深化。科学技术作为人的本质力量的展现，它在客观物质层面推动着历史趋势的前进，它的发展使曾被视为天然屏障和人类障碍的海洋地理空间最大限度地融合起来，它使人与海洋的和谐统一成为人的本质的必然的一种存在方式。同时，科学技术的发展使人类对海洋的勘探和开发能力得到提升，人类对海洋资源的需求增加，同时带来人们在海洋领域发展的相互依存与合作等，以科学技术为载体建立起人与海洋更深

① 参见刘芳芳：《生态文明视阈下人的自我实现》，《江西社会科学》2013年第10期。

② 参见杨金森：《海洋强国兴衰史略》，海洋出版社2007年版，第394页。

层的共生共存关系。

（二）新时代海洋命运共同体理念生成的历史逻辑

海洋与世界永恒联通的关系属性使海洋命运共同体理念的生成有其必要性。中华民族的历史是以海洋为载体的与世界密切联系的历史。浙江河姆渡文化遗址发掘的雕花木桨及许多新石器时代的舟形陶器的出土表明，早在8000年前甚至更早之前，中国人就已走向了海洋探索。我国历史上出现的第一条海上贸易通道是印度洋航线，后以此为基础开辟了经南海，过马六甲海峡，入印度洋，至波斯湾、阿拉伯半岛以及非洲东海岸，联系亚欧非的国际商道，即“海上丝绸之路”，这更是海洋联结世界的明证。11～15世纪，宋朝和明朝便通过海外贸易和内陆商业的联合成为当时世界上最大和最富有的商业帝国，吸引着全世界的人。[①]15世纪末16世纪初大航海时代到来，欧洲新航路陆续开辟，达·伽马开辟了通往印度的新航道，麦哲伦通过环球航行找到了通往太平洋的海上航线等，人类的海洋探索变得越来越频繁，东西方文明终汇合于海洋之上，这成为世界发展大势，人类在海洋相遇并联结为一个整体。当今世界，以海洋为载体和纽带的市场、技术、信息、文化、科技等合作联结日益紧密，目前海上贸易占了整个世界贸易的90%[②]，世界各国在海洋贸易的互通有无中给人民的发展带去了实实在在的好处。从最初的“刳木为舟、剡木为楫”，到推动东西方文明交流演进，再到大航海时代的商品流通、国际贸易，及至当前各国间寻求合作、建构秩序，海洋一直是大陆间、国家间互联互通的纽带和平台。自古至今，海洋为人类交流合作与资源共治共享等提供了“最大公约数”，促进了人类世界的永恒联通，寻找共同命运下的海洋发展理念成为人类发展的共同情怀。因此，从历史实践一脉相承的发展角度看，海洋命运共同体理念的提出具有恒久必要性。

（三）新时代海洋命运共同体理念生成的现实逻辑

海洋未来发展指向的可持续性使海洋命运共同体理念的提出成为可能。从未来可持续发展的角度看，全球海洋环境问题日趋严重，陆源污染、非法捕捞等传统问题层出不穷，微塑料、海水酸化等新问题影响深远，虽然“蓝色经济，绿

① 参见[英]杰弗里·蒂尔：《21世纪海权指南》，师小芹译，上海人民出版社2013年版，第32页。

② 参见肖辉忠、韩冬涛等：《俄罗斯海洋战略研究》，时事出版社2016年版，第1页。

色发展”已逐步成为各国共识,但缺乏监督和协调不畅等矛盾尚待解决,亟须树立新的合作理念与设立新的机制模式。构建海洋命运共同体将为世界各国共同应对海洋危机与挑战、和平利用海洋等提供新的思考方向,海洋命运共同体理念的提出有利于加强海上安全合作、科技合作,推动涉海分歧妥善解决,维护海洋和平与稳定,实现海域和谐共处、合作共赢,促进海洋有序发展,对于实现全球海洋治理的可持续性发展具有重要意义。从未来和平发展的角度看,海洋的和平安宁关乎世界各国的安危和利益,海洋命运共同体理念旨在谋求各国携手共建持久和平、共同繁荣的海洋治理世界,海洋命运共同体将为不同国家提供一个国际合作、互利共赢的平台,有利于未来世界各国加强海洋合作,共同保护海洋生态环境,有力保障全球海洋安全,促进全球海洋发展与繁荣,实现人与海洋和谐共处。海洋是实现人类可持续和平发展的重要空间和长远支撑,关系全人类福祉和世界各国的未来,同时因海洋而联结的全球文化也会越来越密切,将进一步拉近人与人之间、国与国之间的距离,即海洋文明的开放包容性将实现人类生活方式的融合趋同。因此,从未来可持续和平发展的角度来看,海洋命运共同体理念将是人类共同的理想追求和美好愿望,是实现人海共同面向世界、面向未来、面向发展的重要理念①,具有其生成的可能性。

二、新时代海洋命运共同体理念的核心要义

(一)人类的共同发展是海洋命运共同体理念的根本目标

第一,实现人类在海洋领域的共同发展需要倡导建立和平的海洋战略理念。海洋命运共同体理念是习近平主席基于当今时代的独特方位、所处的新时代条件和面临的国际国内环境等主客观境况,提出的通过科学技术、经济外交及军事等综合手段实现人类在海洋领域共同发展的重要战略思想,实质是主张和平、合作、共赢的海洋战略发展模式,而非霸权模式。这一理念具有全球视野,以世界海洋空间为平台,在加强自有海洋空间科学开发利用的同时积极拓展国际公共海洋空间和与其他沿海国家的合作空间,是关于海洋空间的人类整体战略布局。世界各国要建设海洋强国,就要坚持构建海洋命运共同体的战略

① 参见张文木:《论中国海权》,海洋出版社2009年版,第355页。

理念，提高利用海洋的科学技术水平，共同发展海洋经济，保护海洋生态环境，加强海洋综合管理，坚决维护世界各国共同的海洋权益，妥善处理各类海上纠纷，积极拓展多边海洋合作，最终实现全人类在海洋领域共同发展的根本目标。

第二，实现人类在海洋领域的共同发展需要维护好世界各国彼此相关的海外利益。新时代世界各国争夺海洋的力量已由单纯的武装力量发展为海洋科技力量、政治外交力量、经济开发能力和军事力量相结合的综合海上力量。如何从战略全局上关注海洋，实现全人类在海洋领域的共同发展？习近平主席从人类共同发展的战略全局出发进行了重大思考。世界各国在全球海洋上都有广泛的战略利益，包括科学开发公海生物资源的利益、海洋安全利益、海洋科学研究利益、国家管辖海域的海洋权益、利用全球海洋通道的利益、分享国际海底区域财富的利益等。随着经济全球化的发展，国家海外利益的范围越来越广，国家海外科技利益、政治利益、经济利益、文化利益和公民权益等已逐步全球化。因此，海洋命运共同体理念对实现全人类在海洋领域的共同利益具有极为重要的战略意义。

第三，实现人类在海洋领域的共同发展必须要克服当前各类海上力量冲突。在世界各国经济、科技、社会、文化高频率互动的过程中，各类矛盾和冲突在所难免。在一些局势动荡的国家或地区，各国海外利益经常受到政权更迭、地区冲突与战争等传统安全问题的影响，以及恐怖主义和集团犯罪等非传统安全的威胁。在这种情况下，世界各国迫切需要维护海外经济利益和公民权益。海洋是联系这些利益的重要纽带，因此如何利用海上权力更好地保护世界各国各类组织的利益就成为各国决策者不得不考虑的重要问题。各国海上交通线还饱受海盗和武装犯罪活动的威胁和困扰，从红海、波斯湾到东非、印度洋海域、孟加拉湾再到东南亚海域的广大区域都是海盗活动最为猖獗的地区，虽然国际社会采取了强有力的措施，如护航、巡查、监控等，但印度洋及其周边地区的海盗、武装犯罪活动并没有得到有力遏制。这些海盗及武装劫船活动集中在世界各国最重要的海上交通线上。面对海上力量冲突问题的严峻形势，任何国家和国际组织都不可能独立完成其治理重任，而海洋命运共同体理念的提出有助于国际社会形成克服海上力量冲突，形成共担、共责的良好局面，为实现全人类的共同发展创造和谐的海上环境。

（二）共同的海洋利益是海洋命运共同体理念的主要内容

1.共同的海洋资源科学开发利益

共同的不可分割的海洋资源利益必然要求形成海洋命运共同体理念。海洋资源或海洋资产大多具有流动性和不可分割性特点，任何国家都不可能将哪怕是一小块的海洋空间完全圈占起来。由于海洋资源的流动性特征，各国在海洋资源科学开发利用等方面拥有天然的共同利益。海洋连接着世界各国，包括内陆国家，因为海域——大洋、海、海湾、入海口、岛屿、海岸、沿海地带，以及其上的空间维系着90%以上的世界贸易，是联系各国的生命线。全球化趋势的加快使海洋对人类生存与发展的重要性进一步凸显，使所有国家都参与到全球大市场中，超过80%的世界贸易通过海上进行，并形成了全球性的海上连接。同时，海洋向人类提供食物、矿产及其他资源，其蕴藏的资源比陆地丰富，其中目前已知并被命名的海洋生物大约有23万种。世界海洋渔业资源总可捕量为2亿～3亿吨，而目前实际捕捞量不足1亿吨；世界海洋石油蕴藏量约为1100多亿吨，而目前探明储量约为200亿吨；海洋天然气储量约为140万亿立方米，而目前探明储量约为80万亿立方米。海洋也蕴藏着巨大的能量，可供开发利用的能量总量约在1500亿千瓦以上。[①]随着陆地资源的大量消耗以及人口的增加，海洋将成为未来人类共同的重要战略资源来源地。因此，共同的海洋资源科学开发利益成为海洋命运共同体理念的重要指向。

2.共同的海洋安全利益

作为世界第一大货物出口国，中国的对外贸易依存度已超过80%，中国贸易货物运输总量的85%以上是通过海上运输完成的。世界航运市场19%的大宗货物运往中国，22%的出口集装箱来自中国。中国商船队的航迹遍布世界1200多个港口，中国已经成为依赖海洋通道的外向型经济大国，外贸拉动依然是中国经济发展的强大动力。[②]海上通道的畅通直接关系中国及世界其他各国的进出口贸易和整个国民经济的发展。海上交通线的阻碍会影响国内的经济发展，经济安全已经超越了国家主权的边界。以石油为例，中国90%以上的进口石油需要从海上船运，而海上船运的90%由外轮承担，约80%的运油船需要

① 参见胡思远编著：《中国大海洋战略论》，北京时代华文书局2014年版，第3～4页。

② 参见胡波：《2049年的中国海上权力：海洋强国崛起之路》，中国发展出版社2015年版，第13页。

经过马六甲海峡,占每天通过马六甲海峡船只的近60%。[①]中国进口的原油绝大部分通过油轮经由西行航线运输。从地理上看,马六甲海峡等航道狭窄,容易被武装力量控制,东南亚的海盗、恐怖活动和小型武器扩散也十分猖獗。这条航线集中了世界五大海盗多发带,一旦海盗或恐怖分子发动攻击,就有可能造成整条航线受阻,影响各国的经济安全,需要世界各国实现海洋通道运输权益的合作与共管,营造安全的海上航运。实际上,马六甲海峡运输安全问题只是世界各国海上通道安全的缩影,波斯湾、印度洋、南海海上运输线的各点都有可能遭到潜在对手的威胁,连接世界各国经济与外界的海上动脉几乎时刻处于其他海上力量的威慑之下。[②]在全球经济相互依存度如此之高的今天,海上航行自由已成为世界各国的共同利益,因为贸易的获利通常是双赢的、相互促进的。为更好地保证各国海洋运输线、能源和资源安全等,必须加快构建海洋命运共同体。

3.共同的海洋科学开发利益

大海洋发展方向必然要求积极利用世界海洋资源。通过独立自主的科学勘探开发或国际合作,积极利用国际海底资源和公海资源,通过各种合作的方式利用其他国家的海洋资源。《联合国海洋法公约》规定:“区域”及其资源是人类的共同继承财产。国家管辖范围以外的海床和洋底区域及其底土以及该区域的资源为人类的共同继承财产,其勘探与开发应为全人类的利益而进行,不论各国的地理位置如何。国际海底区域的科学研究和技术发展,也要为全人类的利益服务。《联合国海洋法公约》规定:“区域”内的海洋科学研究,应专为和平目的并为谋全人类的利益进行。促进和鼓励向发展中国家转让这种技术和科学知识,使所有缔约国都从其中得到利益。在“区域”内发现的一切考古和历史文物,应为全人类的利益予以保存或处置,但应特别顾及来源国、文化上的发源国或历史和考古上的来源国的优先权利。国际海底管理局要求世界各国在无歧视的基础上公平分配从“区域”内活动取得的财政及其他经济利益。当然,海洋依然具有太多未知的海洋开发资源,而深海矿产资源勘探、深海生物资源开发等风险巨大,对资金、科学技术、人力等生产要素的要求极高,世界大多数国家都无法独立而系统地进行深海资源开发,美、英、日等传统海洋强国也不例

---

① 参见宋德星:《印度海洋战略研究》,时事出版社2016年,第339页。

② 参见胡波:《2049年的中国海上权力:海洋强国崛起之路》,中国发展出版社2015年版,第14~15页。

外。因此,合作科学开发海洋资源成为大势所趋,合作可以实现各国间的共赢,海洋命运共同体理念实质是从海洋资源开发利益全局上关注海洋、经略海洋的大海洋战略理念。

(三)和谐合作是海洋命运共同体理念的主要方式

1.和谐共处的方式

和谐的海洋秩序是世界各国正当海洋权益的重要保证。自2008年年底以来,中国政府应索马里政府和联合国邀请派出舰队到亚丁湾执行护航任务就是主张和谐海洋秩序的有力证明。随着经济全球化的发展,世界海上通道、公海航行自由等日益依赖世界各国的共同努力,任何国家均不可能单枪匹马地维持整个世界的海洋秩序。海洋秩序不是一个静态的概念,而是一个发展的概念,不仅体现在主要海上强国力量的分布变化和海上贸易的发展上,更重要的是体现在海洋资源的开发利用上。现代海洋资源利益的争夺已从通过海洋争夺陆地变为争夺海洋本身,各国海洋观念发生了重大变化,对海洋权益更加重视,人类开始进入全面和大规模科学开发利用海洋的新阶段。随着海洋意识和海洋科学开发探索的进一步发展,海洋秩序还会根据有关各方的利益和要求做出更完善、更合理的调整。在确认各国对领海拥有绝对主权的同时,国际海洋法还就毗连区、专属经济区、大陆架、公海、国际海底区域等做了区分和界定。海洋命运共同体理念正体现了在维护和拓展合法的海洋权益的同时,不排斥其他国家合理地追求各自国家海洋利益的和谐共处的理念,而和谐的实现还要求国际社会切实履行并不断完善《联合国海洋法公约》和其他相关的海洋制度。

2.合作共赢的方式

海洋作为人类共同利益之所在,也是国际合作的重要舞台。海洋资源的丰富性和广袤性以及海上通道的重要性等,必然要求包括中国在内的世界上所有国家合理正确地认识、开发、利用和保护海洋及其资源,为全人类造福。因此,各国在发展自己的海洋事业的同时,要特别注重强调国际合作的必要性,致力于与海洋沿岸国家发展长期稳定的友好合作关系,在合作中实现共同发展,这也是海洋命运共同体理念的应有之义。同时,世界各国要积极参加海洋治理,参与各种海洋管理的合作机制,除了追求本国的海洋利益外,还要兼顾包括海洋资源保护和海洋环境保护等在内的其他更广泛的人类共同利益。在海上安全方面，海洋命运共同体理念倡导将“新安全观”作为指导海洋安全合作的理念，强调在“互信、互利、平等、协作”的基础上，通过对话增进信任，通过合作促进海上安全等。例如，中国加强了与有关国家的海上安全磋商与对话，进一步制定完善了有关海上安全的具体规则和操作程序[①]，加强了与海上通道所经海域国家的战略合作等，努力促成海洋国家就保护海上通道达成总体框架。同时，海洋命运共同体理念对于世界各海洋治理主体在处理海洋事务过程中，超越对本国国家利益的追求，兼顾他国甚至是全球性的海洋利益以实现忧患共担等具有重要价值。

3.和平和善的方式

自从党的十五大将“共同利益”写入政治报告以来，在全球变局下全方位构建“利益汇合点”和“利益共同体”已经成为我国进行国际合作的重大方针。海洋命运共同体理念实质是强调涉海大国间为共同利益而相互协调合作的重要理念，强调避免非核心战略利益上的冲突，积极寻求海洋利益交汇点。同时，海洋命运共同体理念也蕴含着要有正当的坚持与强硬态度，排除有悖于合作趋势的不良因素，确保国家间互利共赢的总体旨向。[②]李克强总理曾在中国与希腊的海洋合作论坛上发表题为《努力建设和平合作和谐之海》的演讲，提出“中华文明的发展历程中也没有离开过海洋，正是以大海为主要纽带，我们同其他国家互通有无”，“我们愿同世界各国一道，通过发展海洋事业带动经济发展、深化国际合作、促进世界和平，努力建设一个和平、合作、和谐的海洋”。[③]这与海洋命运共同体理念具有内在精神的一致性，即强调世界各国在海洋领域要积极参与多边合作，注重同周边其他涉海国家有效协商，在促进信息交互的基础上增进战略互信，进而缔造各种非对称性的合作模式。可以说，在求同存异、不畏冲突的观念下，秉持和平发展理念、促进合作共赢、打造和谐海洋已成为世界海洋战略发展之大势。海洋命运共同体理念强调坚持富而不骄、强而好礼、强不胁弱、强不称霸、强而行德和重视国家之间的相互扶持、守望互助的思想，体现了国家之间“和善互助”才能更好生存、人类才能更好发展的根本理念。

① 参见胡思远编著：《中国大海洋战略论》，北京时代华文书局2014年版，第10～11页。

② 参见刘笑阳：《海洋强国战略研究》，格致出版社、上海人民出版社2019年版，第189～190页。

③ 李克强：《努力建设和平合作和谐之海——在中希海洋合作论坛上的讲话》，《人民日报》2014年6月21日。

三、新时代海洋命运共同体理念的价值意蕴

(一)新时代海洋命运共同体理念的理论价值

1.海洋命运共同体理念丰富了马克思主义共同体理论

马克思指出:“各个相互影响的活动范围在这个发展进程中越是扩大,各民族的原始封闭状态由于日益完善的生产方式、交往以及因交往而自然形成的不同民族之间的分工消灭得越是彻底,历史也就越是成为世界历史。”[①]历史向世界历史的转变是生产力发展和生产关系扩展的结果,是人们的各种活动和行为超越单一民族和国家界限,在国际市场范围内普遍交往而使生产和消费趋同一体的结果。在世界市场普遍形成、信息网络四通八达的时代,世界各国已成为共依共存的共同整体。“你中有我,我中有你”,国家发展、时代发展和人类发展迫切需要各国之间紧密交流、联结合作、共赢发展。当今国际社会是一个共生整体,中国的发展离不开世界各国,世界各国的发展也离不开中国。习近平主席指出:“今天,人类生活在同一个地球村,各国相互联系、相互依存、相互合作、相互促进的程度空前加深,国际社会日益成为一个你中有我,我中有你的命运共同体。”[②]因此,“要树立世界眼光,更好把国内发展与对外开放统一起来,把中国发展与世界发展联系起来,把中国人民利益同各国人民共同利益结合起来”[③]。世界历史全球化的推进,一方面促成了人类共同利益、价值的生成,另一方面也带来了全球性问题与挑战。因此,推动构建公正、平等、自由、合理的国际新秩序成为人类发展的时代需要。海洋命运共同体理念正是牢牢把握住了这一历史发展大势,顺应了时代发展潮流,注重将人类命运与海洋科学发展紧密结合、将国家海洋利益与全球海洋利益有机融合、将海洋未来命运与人类未来命运有机贯通。这一理念的提出既顺应了时代发展的需要,又是新时代对马克思主义共同体理论的发展。

---

① 《马克思恩格斯选集》第1卷,人民出版社2012年版,第168页。

② 习近平:《让工程科技造福人类、创造未来——在2014年国际工程科技大会上的主旨演讲》,《人民日报》2014年6月4日。

③ 《习近平在中共中央政治局第三次集体学习时强调 更好统筹国内国际两个大局 夯实走和平发展道路的基础》,《人民日报》2013年1月30日。

2.海洋命运共同体理念发展了中国化马克思主义海洋战略理论

海洋命运共同体理念是对中国化马克思主义海洋战略思想的发展，凝聚着新时代中国共产党国际海洋战略的新智慧。毛泽东曾提出“三个世界”互相依存发展并筑成“海上长城”维护海洋安全的战略思想，海洋命运共同体理念发展了其“共同价值”取向。邓小平提出了“和平与发展是当今世界的两大发展主题”、我们的海军“不称霸”、对国际海洋资源“先共同开发”等思想，海洋命运共同体理念注重国际合作、强调战略共赢的思想与其一脉相承。江泽民提出的要以“海军现代化建设维护国际海洋权益”、重申“搁置争议、共同开发”等主张与海洋命运共同体理念的价值追求一致，海洋命运共同体理念的实质就是倡导以和平路径解决海洋权益争端，建立新的全球海洋治理新秩序。胡锦涛提出了和平解决海洋权益、维护海外利益、建设“和谐海洋”等海洋强国主张，成为新时代海洋命运共同体理念的思想前奏。习近平总书记在中共中央政治局第八次集体学习时强调：“我国既是陆地大国，也是海洋大国，拥有广泛的海洋战略利益。经过多年发展，我国海洋事业总体上进入了历史上最好的发展时期。这些成就为我们建设海洋强国打下了坚实基础。我们要着眼于中国特色社会主义事业发展全局，统筹国内国际两个大局，坚持陆海统筹，坚持走依海富国、以海强国、人海和谐、合作共赢的发展道路，通过和平、发展、合作、共赢方式，扎实推进海洋强国建设。”[①]这一论述蕴含着海洋命运共同体理念的基本思想。习近平主席在访问东盟时又提出建设“21世纪海上丝绸之路”倡议和成立“中国一东盟海上合作基金”等，强调海洋共同利益的互联互通、全面合作，这是实现海上和平崛起的积极尝试，是海洋命运共同体理念的直接思想来源。“一切划时代思想体系的真正内容都是由产生这些思想的那个时期的需要而形成起来的。”[②]因此，海洋命运共同体理念是对中国化马克思主义海洋战略理论的新时代发展。

3.海洋命运共同体理念充实了习近平新时代中国特色社会主义思想

新时代海洋命运共同体理念是中国坚持全人类平等发展权和建立国际海洋平等、合作、共赢新秩序的体现，是注重合作共赢的海洋发展模式，以全人类的共同发展为出发点和落脚点。海洋命运共同体理念是人类共生意识的新时

① 《习近平在中共中央政治局第八次集体学习时强调　进一步关心海洋认识海洋经略海洋　推动海洋强国建设不断取得新成就》，《人民日报》2013年8月1日。

② 《马克思恩格斯全集》第3卷，人民出版社1960年，第544页。

代体现，是对弱肉强食的“社会达尔文主义”的抛弃，是对冷战、对抗、武力及零和思维的严厉批判，是对新时代国际海洋领域交往范式的新探索，从人的“类本质”的高度指明了人类的未来发展方向。为开发海洋而进行的合作给各国带来发展，但是为争夺海洋而发生的战争则给人类带来灾难。中国坚定维护国家主权和领土完整，致力于维护地区的和平与秩序。海洋命运共同体理念正是中国和平发展战略的重要组成部分，是以习近平同志为核心的党中央立足世界发展大势、国家发展需要，深入思考人类与海洋前途命运的智慧结晶，是中国解决全球海洋治理难题的重大理念与实践探索。海洋命运共同体理念是超越了民族局域范围的关注人类与海洋共生共存共发展的思想理念，是习近平新时代中国特色社会主义思想的国际化，以实现全人类在海洋领域的平等发展、共同发展为最终目标，体现了社会主义的本质要求。海洋命运共同体理念是我国和平发展外交政策的新时代展示，由此把我国对外开放提高到了一个新的认识高度和实践境界，是中国梦向世界梦的理想延伸。

（二）新时代海洋命运共同体理念的实践价值

1. 海洋命运共同体理念是全面推进中国特色社会主义国际海洋战略的行动指南

新时代海洋命运共同体理念是不称霸的海洋强国理念，和平共处五项原则是海洋命运共同体理念的根本遵循。中国提出的海洋命运共同体理念反对海上霸权，与霸权主义国家实行的海洋侵略扩张理念不同。西方海洋强国是依据马汉“海权论”建立起来的，鼓吹建设强大海军，实施对外侵略扩张等[①]，而新时代中国建设海洋强国的基本理念是海洋命运共同体理念，是主张和平崛起而非侵略扩张的战略理念。西方建设海洋强国的目的包括发展商业、航海事业，建立海外殖民地，利用公海和国际海底的战略性资源等，而中国提出的海洋命运共同体理念不主张霸占殖民地、垄断世界市场，而是更加注重发展海洋科技，发展海洋航运事业，科学开发利用海洋资源等。西方海洋强国强调海军至上，以海军为主要甚至是唯一的手段，争夺制海权、海上称霸、海外扩张、控制别的国家、干涉别国内政等，具有强烈的进攻性，而中国提出的海洋命运共同体理念则

① 参见[美]A. T. 马汉：《海权对历史的影响》，安常容、成忠勤译，中国人民解放军出版社2006年版，第289页。

认为海军不是唯一的海洋强国手段，还要依靠科技、政治、外交、经济等多种手段增进与世界各国的交往，不搞海上霸权，不允许别人侵略自己，也不侵略别人，不干涉别国内政，具有防御性的特点。因此，海洋命运共同体理念是中国建设海洋强国选择的和平发展新理念，是中国国家战略力量向海洋视域推进的战略新思想，是新时代中国特色社会主义国际海洋战略的根本行动指南。

2.海洋命运共同体理念为实现中华民族伟大复兴提供了海洋强国战略保障

新时代海洋命运共同体理念是从世界安全和国家安全双重向度考虑海洋发展战略的根本理念。当今全球性海洋事务错综复杂，国际社会牵一发而动全身。面对挑战，各海洋治理主体需要对海洋问题进行忧患共担的审视与思考。海洋命运共同体理念正是基于此而提出的一种主张通过共同构建国际海洋秩序和共同治理国际海洋环境以达到互助互爱、和谐友善、美美与共的海洋美好发展状态的理念。海洋命运共同体理念是注重共同安全、合作共赢的新型海洋战略观，强调海洋战略力量对国家海洋权利和利益的保障。对我国而言，海洋权益联结着领土主权、资源开发、科学研究、经济发展等重要领域，是解决我国科技、经济、能源、环境、生态等问题的关键，是我国发展的不竭动力，更是实现中华民族伟大复兴的重要基础。实现海洋强国的根本目标与实现中华民族伟大复兴的目标高度一致，因而单从国内发展视角来看，海洋命运共同体理念是注重以海图强的重要战略理念，是实现海洋强国的重要战略理念，是实现中华民族伟大复兴的重要战略保证。我国拥有广阔的海洋空间和较为丰富的海洋资源，在此理念的指导下我国可以通过与世界其他海洋大国的友好合作，科学利用海洋资源，借鉴他国成功经验，大力发展海洋科技，培养海洋科学家和海洋科研人才，进而积累海洋开发经验，拓展海洋空间，提升海洋经济实力，以海图强，以海洋科技强国为基础实现中华民族伟大复兴。因此，海洋命运共同体理念强调从战略高度认识海洋，以国际海洋发展战略机遇期为依托捕捉我国建设海洋强国的机遇，探寻面向海洋的富民强国之路，并最终实现中华民族的伟大复兴。

3.海洋命运共同体理念为全球海洋秩序建立提供了中国智慧

习近平主席指出："回顾历史，支撑我们这个古老民族走到今天的，支撑

5000多年中华文明延绵至今的，是植根于中华民族血脉深处的文化基因。”[①]中华优秀传统文化中蕴藏着丰富的解决当代人类面临的难题的重要启示，如“以和为贵”“天人合一”“与人为善”“协和万邦”“不战而屈人之兵”“义利合一”“天下为公”“天下大同”“和为贵”“达则兼济天下”等，中华传统文化体现出“天下一家”“家天下”的中华智慧。海洋命运共同体理念正是对以往零和对抗、冲突不可兼容等文化霸权的超越，是对文化多样性、共同性、包容性、合作性的认同，体现了海洋文化理念的理性与成熟。习近平主席强调：“中华民族历来讲求‘天下一家’，主张民胞物与、协和万邦、天下大同，憧憬‘大道之行，天下为公’的美好世界。”[②]中华文化中“万物并育而不相害，道并行而不相悖”[③]的思想为解决海洋命运困境提供了新的思考路径，体现了建立在尊重差异、尊重多样性基础上的“和合”的思想。而海洋命运共同体理念正是以“和合”处理国际海洋秩序关系，其中蕴含着共商共建共享的“和合”哲学思维、“内和乃求外顺，内和必致外和”的中华文化逻辑等，这是构建海洋命运共同体理念的思想和灵魂。海洋命运共同体理念承接着中华民族“以天下为己任”的理想追求、“大道之行，天下为公”的价值信念，彰显了我国作为自信且有活力的大国为全球海洋治理贡献的中国智慧，显示了我国的承诺与担当、情怀与气度。

（三）新时代海洋命运共同体理念的时代价值

1.海洋命运共同体理念的核心问题是海洋战略科技发展

在海洋命运共同体的时代背景下，推进海洋战略科技发展成为建设海洋强国的根本。从全球科学技术发展的历史看，美国引领了第三次科技革命，尤其在海洋战略科技领域取得了一系列成果，涉及信息技术、新能源、新材料、空间技术与海洋技术等诸多领域。20世纪60年代之前美国海洋战略科技的发展以技术为中心，70年代后转变为以开发与保护海洋资源为中心，90年代后美国海洋战略科技发展呈现大数据、跨学科特点，海洋战略科技的开发与利用体现在海洋探测与资源利用领域。自党的十八大首次提出建设海洋强国以来，我国基

① 习近平：《携手建设更加美好的世界——在中国共产党与世界政党高层对话会上的主旨讲话》，《人民日报》2017年12月2日。

② 习近平：《携手建设更加美好的世界——在中国共产党与世界政党高层对话会上的主旨讲话》，《人民日报》2017年12月2日。

③ 《礼记·中庸》。

于自身实际，借鉴他国历史经验，注重加强与世界上不同国家、不同民族、不同文化的交流互鉴，不断推进海洋强国战略的科学探索与实践，走出一条中国特色的海洋强国之路。中国特色的海洋强国之路是在海洋命运共同体理念下大力发展海洋战略科技，建设一支强大的海洋科学家队伍，培养一代又一代向海图强的海洋战略科技人才。

2.海洋命运共同体理念的根本是建设以海洋战略科技为核心的海洋强国

习近平总书记强调："建设海洋强国必须大力发展海洋高新技术。依靠科技进步和创新，努力突破制约海洋经济发展和海洋生态保护的科技瓶颈。要搞好海洋科技创新总体规划，坚持有所为有所不为，重点在深水、绿色、安全的海洋高技术领域取得突破。"[①]推进海洋强国战略必须在海洋基础研究、应用研究、高技术研究等领域不断探索，解决海洋领域的重大科学战略问题，形成开发海洋资源的战略科学技术体系。同时，海洋战略科技的发展也要着眼海洋领域面临的开发过度、污染、生物多样性降低、气候变化等方面的问题，加强国际合作研究，用科学技术的手段确保海洋开发与利用的可持续性。为此，需要大力加强海洋战略科技人才培养，推动海洋战略科技领域人才辈出。海洋战略科技人才是全面建设社会主义现代化国家的战略性支撑，必须大力弘扬海洋科学家精神，坚持科学技术是第一生产力、科技人才是第一资源的理念，加快建设海洋强国、科技人才强国。

3.实现海洋命运共同体理念的重要途径是大力弘扬海洋科学家精神、把牢海洋科技发展主动权

习近平总书记在全国科技创新大会、两院院士大会、中国科协第九次全国代表大会上作了题为《为建设世界科技强国而奋斗》的讲话，指出："中国要强，中国人民生活要好，必须有强大科技。"[②]要弘扬科学家精神，培育科学家人才队伍，努力把关键核心技术掌握在自己手里。关键核心技术是国之重器，核心技术、关键技术靠化缘是化不来的，必须自力更生、自主创新，切实提高我国关键核心技术创新能力，把科技发展主动权牢牢掌握在自己手里。他在中国科学院

① 《习近平在中共中央政治局第八次集体学习时强调　进一步关心海洋认识海洋经略海洋　推动海洋强国建设不断取得新成就》，《人民日报》2013年8月1日。

② 习近平：《为建设世界科技强国而奋斗——在全国科技创新大会、两院院士大会、中国科协第九次全国代表大会上的讲话》，人民出版社2016年版，第6页。

第十九次院士大会、中国工程院第十四次院士大会上指出:“中国要强盛、要复兴,就一定要大力发展科学技术,努力成为世界主要科学中心和创新高地。”[①]科技立则民族立,科技强则国家强。我们要加快建设海洋科技强国,实现海洋领域高水平科技自立自强,就要坚持海洋人才引领发展的战略地位,坚持面向世界海洋科技前沿、面向海洋发展主战场、面向海洋战略科技领域,坚持全方位培养用好海洋战略科技人才,深化海洋战略科技人才发展体制机制改革,坚持聚天下海洋科技英才而用之,坚持弘扬海洋科学家精神,实现海洋强国战略。

海洋科学家精神是海洋科学家及其团队所体现的心理品质和价值追求,是海洋科学精神的时代化、中国化和人格化,是中国海洋科学家所呈现的独特精神气质。海洋科学家精神是新时代海洋命运共同体理念的精神精华,具有丰富的理论内涵和思想政治教育价值,对滋养青年大学生心灵,形塑正确的世界观、人生观、价值观具有重要意义。

① 习近平:《在中国科学院第十九次院士大会、中国工程院第十四次院士大会上的讲话》,《人民日报》2018年5月29日。

第四章　海洋战略科技领域科学家精神研究举要

海洋科学家精神体现在海洋科学家一生的所言所行中，本章以两位海洋战略科学家为例，以扎根理论质性研究方法探究其心理品质、心理资本结构等，发掘其取得海洋科技成就的重要心理力量和精神品质。

一、“中国核潜艇之父”黄旭华院士心理资本结构探析

以海洋战略科学家黄旭华院士为研究对象，运用扎根理论对其心理资本结构进行探析。结果发现，黄旭华院士心理资本结构包括六个要素：信念、执着、自信、韧性、求真、担当，每个要素都对其海洋战略科技成就的取得产生了积极作用。同时，社会支持系统和品性修养在心理资本与海洋战略科技成就间分别发挥了中介效应和调节效应。因此，要重视海洋类人才积极心理资本要素的培养，使其形成良好的社会支持系统和品性修养，这是取得海洋战略科技成就的重要条件。

21世纪以来，全球科技创新进入空前密集活跃期，海洋战略科技创新进一步拓展人类发展的新疆域。我国要建设海洋强国，必须加快海洋战略科技创新步伐，取得海洋战略科技领域更多原创性突破和颠覆性创新，而这就要牢固树立人才引领发展战略理念，因为“全部科技史都证明，谁拥有了一流创新人才、拥有了一流科学家，谁就能在科技创新中占据优势”[①]。科技软实力、硬实力归根结底是科学家人才实力，因此要培养造就一批具有国际视野的海洋战略科学家，围绕国家海洋战略需求，瞄准事关国家安全的海洋科技问题，加快自主创新

① 习近平：《在中国科学院第十九次院士大会、中国工程院第十四次院士大会上的讲话》，《人民日报》2018年5月29日。

成果研究转化，在海洋战略领域打好主动仗。对此，习近平总书记指出，“广大科技工作者要有强烈的创新信心和决心，既不妄自菲薄，也不妄自尊大，勇于攻坚克难、追求卓越、赢得胜利，积极抢占科技竞争和未来发展制高点”，“以关键共性技术前沿引领技术、现代工程技术、颠覆性技术创新为突破口，敢于走前人没走过的路，努力实现关键核心技术自主可控，把创新主动权、发展主动权牢牢掌握在自己手中”。[①]可见，科学家的信心、决心、勇气等心理要素是实现战略科技创新的重要保证。有研究表明，科学家的使命感、责任感、韧性等心理资本要素与其科技成就呈正相关关系。那么，海洋战略科学家需要具备怎样的心理资本结构才能保证海洋战略科技成就的持续取得？学术界对此问题鲜有探讨。本节以黄旭华院士为研究对象，运用扎根理论对其心理资本结构进行探析，为新时代海洋领域培养造就一大批具有国际水平的战略科技人才、科技领军人才、青年科技人才和创新团队等提供参考，助力我国实现海洋强国战略。

（一）相关概念界定

1.海洋战略科学家

海洋战略科学家是指能够准确把握世界海洋科技发展趋势、瞄准世界海洋科技前沿并在关系国家长远和全局的海上军事安全、能源安全、深海探测等战略科技领域做出卓越贡献的科技大家。他们能够提出海洋领域原创性科学理论，攻关前瞻性海洋关键核心技术，实现原创性成果重大突破，取得颠覆性海洋科技创新成就，使我国海洋战略科技走在国际前沿。

2.心理资本

心理资本（psychological capital）概念始于21世纪初，指个体在成长和发展过程中表现出的积极心理状态和心理力量，是保证个体取得持续性竞争优势的重要心理资源，具有可培育、可引导和可开发性。心理资本是一个相对开放的概念，路桑斯（Fred Luthans）认为心理资本包括积极、有理论基础、可测量、可开发和影响成就五个纳入标准（POB标准），阿瑟·戈德史密斯（Arthur Goldsmith）等认为心理资本主要包括自尊和控制点两个要素，詹森（Jensen）等认为心理资本包括希望、乐观、复原力三个要素，路桑斯和约瑟夫（C. M. Youssef）等认为心

① 习近平：《在中国科学院第十九次院士大会、中国工程院第十四次院士大会上的讲话》，《人民日报》2018年5月29日。

理资本包括希望、乐观、自我效能感、韧性四个要素，莱彻(Letcher)等认为心理资本包括情绪稳定性、外向性、开放性、宜人性、责任感五个要素。我国学者对中国文化语境下不同群体(领导者、企业员工、科研人员、教练员等)心理资本要素的研究显示，心理资本构成包括七要素说、八要素说等。尽管国内外对心理资本结构的研究结果不尽相同，但都认为心理资本是一种积极的心理力量，是保证成就取得的重要精神资源。

(二)研究设计

1.研究方法

采用扎根理论方法。扎根理论是一种自下而上从原始资料中提取概念进行归纳、论证以形成理论的研究方法。扎根理论主要从新闻、访谈、报道、视频等资料中提取与研究问题相关的文字作为分析数据(原始语句)，对数据进行开放式登录编码、关联式登录编码和核心式登录编码三级编码，逐渐构建出研究内容的理论框架。对数据资料的收集和分析坚持持续比较原则，从新命名的概念和范畴中选取能提供更大信息量、促进研究更深入发展的概念和范畴，使研究方向更集中，最终直到没有新概念和新范畴出现为止，达到理论饱和状态，实现经验数据资料的体系化和理论化。

2.研究对象

以黄旭华院士为研究对象源于以下考虑：一是典型性，黄旭华院士作为我国海洋领域的战略科学家、功勋科学家，以他为研究对象符合目的性抽样标准；二是丰富性，黄旭华院士相关书籍已出版，并有大量公开视频、新闻报道、纪实文学、演讲报告等资料可以为研究提供丰富佐证材料；三是价值性，黄旭华院士作为中华人民共和国勋章获得者、国家最高科学技术奖获得者、全国精神文明先进个人获得者，研究其心理资本结构具有重要教育价值和深远意义。

3.数据收集

选取的资料包括三类：一是黄旭华院士传记，如《誓言无声铸重器：黄旭华传》《黄旭华：志探“龙宫”》《中国时代先锋人物：黄旭华》《此生属于祖国——功勋科学家黄旭华的故事》等；二是纪实文学、官方新闻报道等文本资料；三是公开视频、访谈及演讲报告等音频、视频资料(截至2022年3月26日)。将全部资料进行文字转录后，共获取文字资料6万余字，在严格遵守编码程序的基础上进行三级编码，以挖掘信息内在关联，实现概念生成、范畴归纳和关系建构等。

（三）数据分析

1.开放式登录编码

开放式登录编码是对一手传记材料、新闻报道资料等进行逐字逐句编码、登录的过程。这一过程要始终保持开放心态，头脑中不预设任何概念，通过反复阅读原始材料，从原始语句中提炼出初始概念。初始概念多采用原始语句中的字词，若原始语句中包含多个初始概念，则要先对其做拆分提取，再把初始概念归纳到初始范畴，以一个基本范畴至少包含三个初始概念为标准进行归纳。在对初始概念进行范畴化时，注重选取重复频次在三次以上的初始概念，剔除频次低于三次的初始概念，最终实现经验材料的初步概念化、范畴化。部分开放式登录编码示例见表4-1。

表4-1 部分开放式登录编码示例

范畴	初始概念	原始语句
忠于祖国	一生属于祖国	A1“这辈子没有虚度，一生都属于核潜艇，属于祖国，我无怨无悔！”
	恪守对国家的忠	A2“好多人问我，忠孝不能两全，我说对国家的忠，就是对父母最大的孝。”
	恪守组织保密誓言	A10“我常常想，虽然我没有履行我在父母面前承诺的常回家看看的诺言，但我恪守了保守组织机密的誓言。”
	不让组织为难	A9“我不愿让组织上为难，因此我还是自己承担，自己忍受。”
服务国家需要	国家需要为最高需要	A18“以国家的需要为最高需要，把自己的人生志向同国家的命运结合在一起。”
	献身国家需要事业	A3“正是毛主席的这句话（核潜艇一万年也要搞出来），坚定了我和我的同事献身核潜艇事业的人生走向。”

续表

范畴	初始概念	原始语句
服务国家需要	祖国需要责无旁贷	A13“当祖国需要我一次把血流光，我就一次流完；当祖国需要我一滴一滴流血的时候，我就一滴一滴地流！”
	国家需要为真正人生价值	A14“只有把个人的抱负和国家的需要紧紧相连，才能实现真正的人生价值。”
		A23“我认为自己是幸运的人，因为我能将自己毕生的精力贡献给国防科技事业，为保卫国家的安全作出应有的贡献。”
科学救国志气	为国家尊严和安全献身	A8“我随时随地准备为国家的尊严和安全献身，这是战士的崇高品质。”
	为抵御侵略而学习	A17“我将来要学航空、学造船，抵御外国的侵略！捍卫祖国万里海疆！”
	为科学救国而学习	A19“想轰炸就轰炸，因为我们国家太弱了！我要学航空、学造船，我要科技救国！”
	科技救国人生决定	A4“我的人生，就是在日本飞机的轰炸声里决定的。”
	为实现国家强大而立志	A5“我认识到，要想不再受欺负，中国得强起来。”
		A7“于是我给自己起名‘旭华’，意思是中华民族必定如旭日东升一般崛起，我要为中华民族的强大做贡献。”
	强烈的爱国报国志气	A15“全凭爱国的志气，一股强烈的报国之志，一种无论如何中国人也要把核潜艇搞出来的强烈革命责任感。”
	高度的政治责任感	A16“是什么支撑我们坚持下来的呢？也许现在年轻人无法理解，我们靠的是一种高度的政治责任感和荣誉感。”

续表

范畴	初始概念	原始语句
高度的国家发展责任感	为建立新中国而不顾生命危险	A21“我们当年冒着生命危险参加学生运动，参加地下党，心中想的只是推翻黑暗的旧社会，建立一个独立、民主、富强、平等的新中国。那时根本没想到什么工资和待遇。”
	用一生为国家努力工作	A20高难度的白内障手术后黄旭华院士风趣地说：“还要为国家再工作20年！”
		A6“我开始下定决心，革命的道路是漫长的，共产主义的理想需要我们一生去努力！”

2.关联式登录编码

关联式登录编码是在开放式登录编码的基础上对范畴和维度进一步归纳，注重分析各个范畴间的逻辑关系，如相关关系、语意相近关系、因果关系、功能关系、过程关系等，选择出最能体现研究主题的主范畴。每次只对一个范畴做分析，通过对每个范畴的渐次分析，将这些主范畴与研究中得出的副范畴联系起来，建构概念范畴间的类属关系，形成相关范畴的关系网络，由此使研究方向更集中。部分关联式登录编码示例见表4-2。

表4-2　部分关联式登录编码示例

主范畴	副范畴	原始语句
执着	一生的事业	B1“从一开始参与研制核潜艇，我就知道这将是一辈子的事业。”
		B8“爸爸这辈子，就是一条道走到‘亮’。”
	痴迷一生	B2“‘痴’和‘乐’两个字是我一生的写照。痴迷核潜艇，献身核潜艇。”
		B3“花甲痴翁，志探龙宫。惊涛骇浪，乐在其中！”
	一生坚定不动摇	B5“有人转行，有人到外地发展，有升官的，有发财的，我祝贺他们，我还是走自己的独木桥，一生不会动摇。”
		B6“在核潜艇研制过程中那么多挫折，项目上马下马，我都没有动摇过。”

续表

主范畴	副范畴	原始语句
执着	一生坚定不动摇	B12“值得我自豪的是，我作为中国核潜艇事业的创始人之一，从1958年到现在一直没有离开过现在岗位的只有我一个人。”
	思考高度入迷	B7“他忙起来，啥都不记得。吃饭叫不动，左请右请五六次都不来，好好的热菜热饭不吃，放凉了，糊弄吃两口。”
		B16“思考技术问题太入迷，出门时竟没发现左右脚的鞋穿反了，一路走到办公室。”
		B17“平日在家，只顾趴在书桌前埋头科研，饭也不吃，头发长了也不管，说去理发店要排队很久，浪费时间。”
	不达目的不罢休	B11“在事业上，我是永不满足，寸步必争，不达目的，誓不罢休。”
		B13“一直坚持到20世纪80年代的，除了我之外再没有别人，我非要实现目标不可。”

3.核心式登录编码

核心式登录编码是在众多的主范畴里发现一个或几个有较强概括能力、关联能力和抽象度更高的核心范畴，它必须是经过反复比较被认为具有统领作用、在所有范畴中处于核心位置、能够与最大数量的范畴发生意义关联的范畴。核心范畴能够将开放式登录编码和关联式登录编码产生的主范畴和副范畴进行整合，使概念、范畴、关系等串在一起形成一条故事线。经过反复讨论思考，最终确定本研究的核心范畴是海洋战略科学家心理资本要素及其与海洋战略科技成就的关系，沿着核心范畴的发展脉络概括出海洋战略科学家心理资本的六个要素（信念、执着、自信、韧性、求真和担当），且每个要素都对海洋战略科技成就产生积极作用（见表4-3）。另外，根据原始资料三级编码渐次发现，党和国家支持、团队集体智慧、家庭亲人支持、科技救国舆论支持等社会支持系统在心理资本与海洋战略科技成就间发挥中介效应，乐观豁达、淡泊名利、志趣儒雅等品性修养在心理资本与海洋战略科技成就间发挥调节效应。基于此，构建了海洋战略科学家心理资本、社会支持系统、品性修养与海洋战略科技成就间的理论模型（见图4-1）。

表 4-3　核心式登录编码

核心范畴	主范畴	副范畴
海洋战略科学家心理资本 ↓ 海洋战略科技成就	信念	忠于祖国、服务国家需要、科学救国志气、高度的国家发展责任感
	执着	一生的事业、痴迷一生、一生坚定不动摇、思考高度入迷、不达目的不罢休、热爱一生而幸福
	自信	自己创造、自己闯路、对自己充满信心、独立自主
	韧性	坚韧不拔、苦中有乐、主动作为、自立更生
	求真	科学心态、科学奉献精神、潜心搞研究、科学忌名利、追求真理、追求完美与极致、高度严谨、科学胆识
	担当	国家使命担当、团队研究担当、创新困境矢志担当、团队责任感
中介变量	社会支持系统	党和国家支持、团队集体智慧、家庭亲人支持、科技救国舆论支持
调节变量	品性修养	生活态度（乐观豁达、知足常乐、随遇而安）、性格特征（淡泊名利、倔强、包容）、生活志趣（儒雅、纯真、爱音乐）

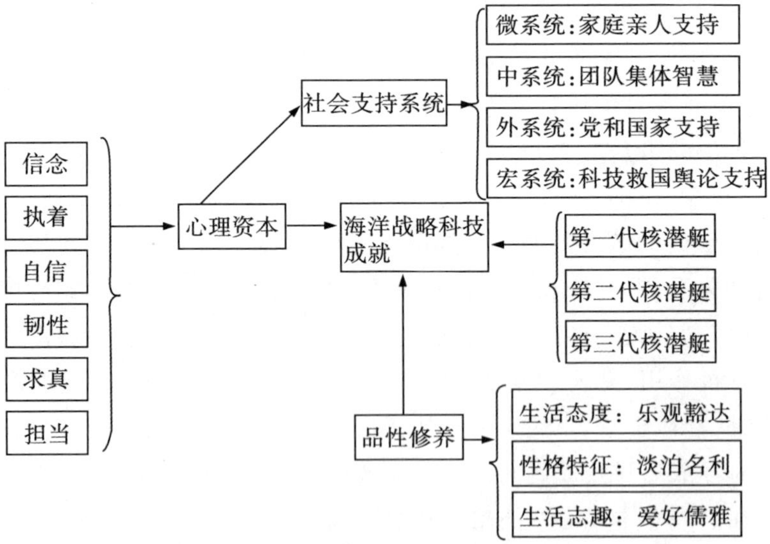

图 4-1　海洋战略科学家心理资本、社会支持系统、品性修养与海洋战略科技成就间的理论模型

4.理论饱和度检验

理论饱和度是判断扎根理论能否停止样本数据收集的标准。如果搜集到的数据资料已不能揭示新的类属或相关主题，也不再产生新的理论解释，就表明理论达到饱和状态。为检验研究结果的理论是否已达饱和，本研究采用多角度理论饱和方法。首先，从文字资料中进行信息提取和编码，进行三级编码构建出海洋战略科学家心理资本原始模型；其次，对纪实文学资料、期刊文献资料等进行验证性逐字逐句分析，未发现新概念；最后，将新闻报道、演讲报告等公开音频、视频资料转录文字资料，进行对比对照，未发现新概念新范畴。因此，海洋战略科学家心理资本与其海洋战略科技成就关系范畴编码理论模型已达理论饱和状态。

（四）分析与讨论

1.海洋战略科学家心理资本要素与海洋战略科技成就的关系

海洋战略科学家心理资本是指海洋战略科学家在重大海洋战略科学研究中具有的积极心理品质和心理资源。以黄旭华院士为典型代表的海洋战略科学家心理资本包括信念、执着、自信、韧性、求真、担当六个要素，以上六个要素均可测量、开发和促进战略科技成就的取得，符合心理资本POB标准，可被认定为海洋战略科学家心理资本的有效要素。同时，社会支持系统和品性修养在心理资本与海洋战略科技成就取得间分别发挥中介效应和调节效应，是心理资本理论模型必不可少的重要变量。

(1)信念与海洋战略科技成就

信念是坚定地相信自己能够达成某种目标的精神力量，是一种强烈而生动的观念，是支配人的全部行动的巨大内在力量，是主观上充分“确信”与客观上充分“确定”的统一。本书中“信念”指以国家民族命运为己任的爱国信念，包括强烈的祖国归属感、国家发展责任感、报效国家实现民族独立的使命感、以国家需要和民族尊严为人生最高价值需要等，是黄旭华院士一生实现科技救国、报国、强国的坚定信仰力量。他说：“我的人生，就是在日本的轰炸声里决定的”（A4），“我要学航空、学造船，我要科技救国”（A19），“捍卫祖国万里海疆”（A17）。信念是决定行动的力量，做出某种行动或坚持某种行动的力度取决于信念的力度，信念的力度越大，行动的欲求也就越大。黄旭华院士内心有着无比坚定的支持他一生行动的信念，即要坚决实现毛主席“核潜艇一万年也要搞出来”的誓言(A12)，正是“全凭爱国的志气，一股强烈的报国之志，一种无论如何中国人也要把核潜艇搞出来的强烈革命责任感”(A15)，他投身中国核潜艇事业，一干就是一生。可见，信念是个体内在的行动动力，没有内在肯定和坚持的信念便不会有行动。阿特金森(J. W. Atkinson)的成就动机理论也认为，当个体认为自己为之奋斗的特定目标具有重要价值时，个体才会倾向追求这一目标。黄旭华院士认为自主制造出中国的核潜艇是他一生最有价值的奋斗目标和追求，“这辈子没有虚度，一生都属于核潜艇，属于祖国，我无怨无悔！”(A1)黄旭华院士认为人一生的最大幸运就是能够为国家强大做出贡献，“于是我给自己取名‘旭华’，意思是中华民族必定如旭日东升一般崛起，我要为中华民族的强大做贡献”(A7)。即使他晚年做了高难度的白内障手术，也依然风趣地说道：“还要为国家再工作20年！”(A20)因为“革命的道路是漫长的，共产主义的理想需要我们一生去努力！”(A6)他一生不负祖国的嘱托，不负党的信任，不负人民的期盼，报国之志坚定执着，报国之行笃定踏实，他总说：“我随时随地准备为国家的尊严和安全献身，这是战士的崇高品质。”(A8)“当祖国需要我一次把血流光，我就一次流完；当祖国需要我一滴一滴流血的时候，我就一滴一滴地流！”(A13)信念是从知到行的中介，只有在知的基础上有一种强烈的确信才会付诸行动，若只知而不相信、不确信，没有内在的主观确信、肯定、希望、欲求，就不会有行动。黄旭华院士之所以取得海洋战略科技成就，正源于他内心无比坚定的国家信念、对国家最深情的忠诚和为国家尊严而战的无怨无悔，他高度的国家发展责任感、使命感从根本上也彰显了一名中国人的骨气、志气和底气。科学无国界，但科学家有祖国，海洋战略科学家强烈的爱国、报国、兴国、强国信念是其首要心理资本要素。

(2)执着与海洋战略科技成就

执着是指专注于某一事物的坚持不懈、坚定不弃、始终如一的精神品质，是以意志力量为内核的心理资源。本书中“执着”指黄旭华院士对所从事的中国核潜艇事业专注痴迷，面对任何困境都始终坚定不动摇、锲而不舍、久久为功、不达目的誓不罢休的精神状态。从原始材料中可以看到黄旭华院士潜心中国核潜艇事业一辈子不动摇的坚定“痴心”，他说：“从一开始参与研制核潜艇，我就知道这将是一辈子的事业。”(B1)“在核潜艇研制过程中那么多挫折，项目上马下马，我都没有动摇过。”(B6)“有人转行，有人到外地发展，有升官的，有发财的，我祝贺他们，我还是走自己的独木桥，一生不会动摇。”(B5)他对核潜艇的研究高度痴迷，全身心专注投入，完全沉浸其中，他的妻子说：“他忙起来，啥都不记得。吃饭叫不动，左请右请五六次都不来，好好的热菜热饭不吃，放凉了，糊弄吃两口。”(B7)“平日在家，只顾趴在书桌前埋头科研，饭也不吃，头发长了也不管，说去理发店要排队很久，浪费时间。”(B17)由于研究高度痴迷，他对日常生活细节往往没有过多关注和要求，如有一次“思考技术问题太入迷，出门时竟没发现左右脚的鞋穿反了，一路走到办公室”(B16)。为了真正自主研制出核潜艇，他锲而不舍、久久为功、不达目的誓不罢休，说：“一直坚持到20世纪80年代的，除了我之外再没有别人，我非要实现目标不可。”(B13)凭着这股执着和痴迷，他“这辈子，就是一条道走到‘亮’”(B8)，真正实现了我国核潜艇这一海洋战略科技的重大原创性突破和真正自主性发展。他将研制核潜艇视为一生的最大幸福，“研制核潜艇是我的梦想，一辈子从事自己热爱的事业，我很幸福”(B9)，“花甲痴翁，志探龙宫。惊涛骇浪，乐在其中！”(B3)痴迷一生不动摇的执着精神正是海洋战略科学家取得战略科技成就的重要心理资本要素。

(3)自信与海洋战略科技成就

自信即心理学家班杜拉(Albert Bandura)提出的自我效能感(self-efficacy)，它是一种积极思维力量，是个体面对挑战性目标时对自己能力的乐观和确信，即使遭遇困难也积极寻求解决方案以获得最终成功的心理过程，代表了个体攻坚克难的希望和信心。本书中“自信”指黄旭华院士始终对自己的核潜艇研究保持高度信心，独立自主地开展研究、做出判断，不被他国经验束缚，自立自强，自主创新，有勇气坚定相信自己的成果并最终取得战略科技成就重大突破的心理。从材料中可以看到，黄旭华院士要求“所有的设备材料没有一个是进口的，都是我们自己造的”(C1)。他说：“我们是独立研究，不是抄袭，有什么必要跟在人家屁股后面跑？既然试验可以不装，就应该相信自己的试验。”(C12)他始终坚持要独立自主搞研究，他说：“为什么不相信自己的结论？非得跟美国走不可？”(C13)“我对我们自己的研究结论有信心。”(C3)对核潜艇的每一步研制，他都做到了充分信任自己和自己的团队，他说：“我们的设计留有了足够的安全系数，我有充分的信心。”(C5)面对具有较大风险的核潜艇深潜试验，他依然坚定自信地说：“我对核潜艇的感情就像父亲对待孩子一样，不仅疼爱，而且相信它的质量是过硬的，我要跟你们一起下去参加极限深潜试验。”(C11)因此，他也成为了世界上第一位也是唯一一位参与核潜艇深潜试验的总工程师。可见,无论从设备材料制造还是整个试验研制、试验数据采集、试验研究结论得出等,他都始终保持对自己研究成果的高度信心和充分信任,正是这份坚定的自我信任最终实现了我国完全自主研制第一代核潜艇的巨大成功。因此,海洋战略科技成就的取得要在独创独有上下功夫,首先需要战略科学家具有相信自己、坚定自己的强大内心力量和毫不妥协的精神。自信是研究取得成功的积极心理力量,因此自信是海洋战略科学家取得海洋战略科技成就必须具备的重要心理资本要素。

(4)韧性与海洋战略科技成就

韧性指个体面对逆境、困境或重大压力时拥有的心理复原力、反弹力,是一种百折不挠、勇往直前、排除艰难直至取得胜利的坚韧心理力量。本书中"韧性"指黄旭华院士在艰苦环境中始终坚韧不拔、主动作为、自力更生、不懈奋斗并最终创造出伟大业绩的精神力量。面对一穷二白的科研困境,黄旭华院士说他们绝不等待,"骑驴找马,没有马了,只有驴,那你只能骑驴上马,如果连驴都没有,那就迈开双腿也得上路,绝不等待!"(D2)从最土的办法起步研制核潜艇,那时"没有现成的图纸和模型,他们就一边设计一边施工,白天黑夜加班加点;没有计算机,就用算盘和计算尺,日日夜夜、月月年年,算出了首艘核潜艇几万个数据"(D6)。科研的道路不是一帆风顺的,总是荆棘丛生,黄旭华院士即使在艰苦的科研环境中也依然苦中取乐、主动作为,"科研活动极为艰苦,但我们乐在其中,苦中有乐,苦中求乐"(D1)。他不屈不挠、坚韧不拔、自力更生,"葫芦岛试验基地,一片荒芜,最苦的一次半年没有油,我们是这样过来的,没有人叫苦叫累"(D12)。"在荒凉的葫芦岛,一待就是十几年。"(D13)面对艰苦的环境和极具挑战的战略科技研究任务,黄旭华院士带领自己的研究团队,凭着不畏艰难、知难而上、一生坚守奋斗的心理韧性,成功自主研制了我国第一代、第二代核潜艇,正是这种强大的心理韧性力量推动着科学研究不断奋勇向前。因此,无论遇到多少困难、遭遇多少挫折,黄旭华院士始终百折不挠,从失败的地方站起来,勇往直前,直至成功,即使有一万次失败也要一万零一次地站起来走向胜利的韧劲是海洋战略科学家取得海洋战略科技成就的重要心理资本要素。

(5)求真与海洋战略科技成就

求真即尊重科学,追求真理,以探索事物本质及其内在规律为根本认知目的的心理品质。本书中“求真”指黄旭华院士勇于捍卫科学真理，不承认有任何亘古不变的权威，保持高度严谨的科学态度，纯粹唯实地探索未知，不断开拓科学研究新疆域的精神。从原始材料中可以看到，黄旭华院士在“工作上，追求完美，有时近乎苛刻”(E4)。“他喜欢在前面，把事情做到极致。”(E5)这样“确保核潜艇设计和实际运行的一致，他在艇体进口处放一个磅秤，凡是拿进去的东西都一一过秤、登记在册，这样的‘斤斤计较’，使得这艘核潜艇在下水后的测试值与设计值分毫不差”(E6)。为了确保核潜艇深潜试验数据准确真实，他成为世界上唯一一位参与核潜艇深潜的总工程师，他对科研团队成员说：“今天不是叫你们去‘光荣’的，而是要把试验数据带回来，我和你们一起下去，一起克服困难。”(E7)这体现了他追求科学真理的胆识。同时，黄旭华院士认为名利思想对科学求真不利，“名利思想，对一个人没有好处”(E9)。“献身科学，追求的不是钱和权，而是真理。”(E3)他认为科学研究就是追求纯粹的真理，不附加任何名利，科学研究本质是“追求未知，不断创新”(E2)。只有这样才能真正沉下心来追求科学本真，才能保证在世界科技前沿、国民经济主战场、国家重大战略需求领域抢占海洋战略科技竞争和未来发展的制高点。真正伟大的科学家都把名利看得很轻，爱因斯坦多次强调他从来不把安逸和快乐看作生活的目的，这种伦理基础叫“猪栏的理想”。人们努力追求的庸俗的目标——财产、虚荣、奢侈的生活，他总觉得都是可鄙的。居里夫人也曾强调，人类需要梦想者，这种人最醉心于一种事业的大公无私的发展，因而不能注意自身的物质利益。科学的追求就是“只问是非，不计利害”，黄旭华院士说：“我最近常常想，我这一生宁可默默无闻、隐姓埋名，这样可以专心搞研究，在科学上成就可能更大一些。”(E1)黄旭华院士在海洋战略科技领域追求真理、追求未知、追求极致而纯粹的科学研究精神最终促使他取得海洋战略科技成就，因此不带任何功利色彩的科学求真精神是海洋战略科学家的重要心理资本要素。

(6)担当与海洋战略科技成就

担当是敢于承担责任、勇于负责的勇气、魄力、胆识的心理力量的综合。本书中黄旭华院士以国家使命为己任，敢于承担国家交给的战略重任，体现着对国家责任的使命担当，同时他勇于承担科研团队集体责任，对科学研究中遇到的失误、错误、困难勇于负责到底，绝不妥协、后退，具有勇于面对一切可能、敢于承担任何后果的勇气与胆识。从原始材料中可以看到，为担当起国家交给的研制核潜艇的重任，黄旭华院士30年未回过家，“因为工作需要保密，整整30年我都没回过家”(F1)。在父亲和大哥去世时，他也顶住巨大压力没有离开工作岗位，他说：“对国家的忠，就是对父母最大的孝。”(A2)他真正承担起了国家交给的这份重任。作为核潜艇研究团队的总工程师，他更是承担起团队的所有责任。对于研究过程中遇到的困难、可能的失误错误等他都是主动承担责任，“干对了，没得说；干错了，我当总工程师的承担责任”(F5)。遇到问题时他与研究团队始终共商、共担、共处理，“艇的结构设计和数据测试都是安全的，我很有信心，也请大家放心；万一有情况，我同大家一起处理”(F7)。面对高风险的深潜试验，他说：“我是总设计师，我不仅要为这条艇的安全负责，更要为艇上170多个参试人员的生命安全负责到底。”(F3)“我决定同你们一道下去，共同完成深潜试验。”(F2)黄旭华院士在我国第一代核潜艇研究过程中展现的国家使命担当、团队责任担当、科研困难担当等成为我国核潜艇研制顺利推进的重要心理资本要素。正是他的这份担当胆识，才使研究团队总是敢于提出新理论，探寻新路径，开辟新领域，从而在无所畏惧、敢于试错、不畏挫折中保证我国核潜艇这一海洋战略科技走在国际前沿。

2.社会支持系统在心理资本与海洋战略科技成就间的中介效应

社会支持系统指社会各方面(包括家庭、亲属、同事及党团、工会等组织)给予个体的精神和物质的帮助支援，一是客观的、实际可见的物质直接支持，二是主观体验到的被尊重、被支持、被理解的情绪体验和满意程度支持，反映了一个人与社会联系的密切程度和质量。三级编码资料显示，社会支持系统在海洋战略科学家心理资本和海洋战略科技成就间发挥中介效应，即海洋战略科学家心理资本既会直接影响海洋战略科技成就的取得，又会通过社会支持系统这一中介变量间接影响海洋战略科技成就的取得。尤里·布朗芬布伦纳(Urie Bronfenbrenner)的生态系统理论认为，每个人都生活在由微系统(如家庭)、中系统(如团队、集体)、外系统(如国家)、宏系统(如文化舆论)组成的社会支持生态系统中，来自各个系统的支持将给予我们成长发展的力量。黄旭华院士认为，中国核潜艇研制的成功是国家给予充分重视关怀、科研团队集体智慧协同的结果。他谈道，核潜艇正是“在毛泽东、周恩来、聂荣臻等无产阶级革命家直接关怀下，由一大批科研人员集体创造出来的。我不是‘核潜艇之父’，我只是其中一员，我不过是在自己的岗位上做了应该做的事”(G5)。所以,他认为:“中国的核潜艇是全国大力协同的结果,是集体智慧的结晶,我仅仅是其中的一个成员。”(G2)因此,“功劳是大家的,荣誉属于集体”(G3)。同时,父母、兄弟姐妹、妻子、女儿等家庭亲人的理解和支持也是黄旭华院士能够全身心投入科学研究的重要保障,他说:“我很感谢母亲弟妹们对我的理解。”(H7)“我很感谢她(妻子),这么多年能理解我、支持我,还甘愿挑起生活重担。”(H2)“我要感谢我的夫人,我要上艇深潜,她支持我。女儿小时候摔倒在山沟,在医院躺了9天9夜,她一人承担了下来,我回到家里才知道……我代表所有科研人员感谢她和所有女同志!”(H4)可见,黄旭华院士在具备积极心理资本要素的条件下,又得到了党和国家的高度重视支持、科研团队的集体智慧攻关、家庭亲人的充分理解和全力支持,这都构成黄旭华院士全身心投入中国核潜艇事业并取得海洋战略科技成就的重要条件。因此,要重视海洋战略科学家社会支持系统的完善与完备,以帮助海洋战略科技持续取得成就。

3.品性修养在心理资本与海洋战略科技成就间的调节效应

品性修养指人的认识、情感、言行、习惯等的修炼与涵养,包含一个人为人、修身、处世的智慧和心态,往往体现在人的生活态度、生活志趣及爱好上。品性修养在海洋战略科学家心理资本和海洋战略科技成就间发挥调节效应,即良好的品性修养正向调节心理资本对海洋战略科技成就的作用,反之,不良的品性修养则对海洋战略科技成就起负向削弱作用。研究表明,黄旭华院士具有乐观豁达、与世无争的生活态度,品性随和,志趣纯真,爱好儒雅,对物质生活知足常乐,对科研生活永不满足,这为他取得海洋战略科技成就提供了调节条件。研究材料中提到黄旭华院士的座右铭是“与世无争,知足常乐,与人为善,助人为乐”(I1),他的“个人生活,物质上知足常乐,科研工作上永不知足”(I4)。无论是面对荒凉的葫芦岛,还是去任何科研需要他去的地方,他都能随遇而安,淡泊名利,以平和的心态在科研中始终保持专注并乐在其中。他品性纯真,志趣儒雅,酷爱音乐,他的大学同学曾说,有一次“他谈到高兴处,站起身来,脱下外衣,只穿一件毛衣,又歌又舞,表演了‘山茶社’当年演出的诙谐风趣的歌舞小品”(J3),由此可见他至情至性的率真个体和积极、乐观、向上的生活态度。这些品性修养在其心理资本与海洋战略科技成就间发挥了积极正向的调节作用,实现了品性修养之美、之纯、之善与科学研究之求真、向善、臻美追求的融合统一。

(五)结论与启示

本节以黄旭华院士为研究对象,采用质性研究方法中的扎根理论对官方报道、访谈、传记等资料进行逐级编码分析,得出黄旭华院士的心理资本要素包括信念、执着、自信、韧性、求真、担当,以上六个要素均与其海洋战略科技成就的取得紧密相关。我们还发现,党和国家支持、团队集体智慧、家庭亲人支持等社会支持系统在黄旭华院士心理资本与海洋战略科技成就间起中介作用,即心理资本既直接影响海洋战略科技成就的取得,又通过社会支持系统这一中介变量间接影响海洋战略科技成就的取得;乐观豁达、淡泊名利、爱好儒雅等品性修养在黄旭华院士心理资本与海洋战略科技成就间起调节作用,即良好的品性修养正向调节黄旭华院士心理资本对海洋战略科技成就的作用。

海洋战略科技成就是海洋战略科学家强烈的爱国信念、执着一生的科学追求、坚定的自主自信、强大的心理韧性、纯粹的科学求真、勇于担当的胆识等心理资本要素与良好的社会支持系统、美好的品性修养等多种因素综合作用的结果,这对我们加快建设海洋强国、推进海洋战略科技创新、培育壮大海洋战略科学家队伍具有重要启示。第一,注重培养海洋类人才强烈的国家发展强大的信念,始终以国家发展、民族复兴为根本使命,以"为人民谋幸福,为民族谋复兴,为人类谋发展"为根本价值追求,培养具有强烈家国情怀的海洋战略科学家。第二,注重培养海洋类人才永远求真、坚定执着、自信乐观、坚韧不拔的精神品质,锤练不畏风险、不惧风浪、勇往直前的担当胆识,提升个体抗逆力及锻造韧性等。第三,注重形成海洋类人才良好的社会支持系统,并全面提升其自身品性修养,为成长为一名海洋战略科学家储备综合力量,为国家海洋战略科技成就的取得贡献力量。

本节存在的不足及未来方向:一是由于条件限制未能对黄旭华院士进行面对面深度访谈,若条件允许,希望后续能够对黄旭华院士进行面对面访谈,以获得更详尽全面的第一手资料,更系统地揭示他作为一名海洋战略科学家所拥有的心理资本结构,进一步厘清心理资本结构与海洋战略科技成就的关系。二是根据扎根理论建构的海洋战略科学家心理资本结构理论模型尚停留于理论层面,后续要以实证量化研究方式对其进行进一步的验证。三是海洋战略科学家心理资本结构对海洋战略科技成就取得的效应值等需要后续研究,以更精准确定海洋战略科学家科技成就取得的影响因素结构布局及分配比例等，为培养海洋战略科学家提供参考。

二、中国火炸药学家王泽山院士心理资本结构探析

以国家战略性科技创新人才王泽山院士为研究对象，运用扎根理论对其心理资本结构进行探析并构建理论模型。研究发现，战略性科技创新人才心理资本结构包括使命感、自信、专注、韧性和超越五个要素，每个要素都对战略性科技创新成就的取得产生积极作用；同时，社会支持系统和生活方式在心理资本与战略性科技创新成就间分别发挥中介效应和调节效应，由此构建了战略性科技创新人才心理资本理论模型。这启示我们要注重战略性科技创新人才积极心理资本要素培育，同时要匹配良好的社会支持系统和科学的生活方式，以保证战略性科技创新成就的持续取得。

强化战略科技力量是新时代科技创新的重点。习近平总书记在全国科技创新大会、两院院士大会、中国科协第九次全国代表大会上强调，科技创新要坚持"面向世界科技前沿、面向经济主战场、面向国家重大需求"[①]的战略方向，要瞄准世界科技前沿，强化基础研究，实现前瞻性基础研究、引领性原创成果重大突破，强化战略科技力量。国家科学技术奖获奖项目是一系列战略能源、技术装备、深海探测等战略性科技成果的重大突破，其中火炸药学家王泽山院士荣获2017年国家最高科学技术奖。随着国防安全、能源安全、生态安全等风险压力的不断增加，当前我国对战略科技力量的要求比以往任何时期都更加迫切。历史经验证明，以往抓住战略性科技革命机遇的国家都成了世界强国。因此，我们亟须加快推进战略科技创新，抢占科技战略制高点。创新人才是创新的根基，是创新的核心因素。创新驱动实质是人才驱动，谁拥有一流的创新人才，谁就拥有了科技创新的优势和主导权，战略科技竞争的实质是科技人才的竞争，美国之所以能成为世界科技强国，得益于拥有大批有才干的科技人才，这就要求我们必须培养造就一大批具有国际水平的战略科技人才、科技领军人才、青年科技人才等。

① 习近平:《为建设世界科技强国而奋斗——在全国科技创新大会、两院院士大会、中国科协第九次全国代表大会上的讲话》，人民出版社2016年版，第5页。

科技人才健康的身心状态、积极的心理品质是战略科技创新的根本保证，习近平总书记在全国科技创新大会上指出：“我国科技界要坚定创新自信，坚定敢为天下先的志向，在独创独有上下功夫。”[①]已有研究表明，科学家的科学成就与其坚定信念、高度责任感及韧性等心理资本密不可分。那么，战略性科技创新人才需要具备怎样的心理品质？目前学术界鲜有深入探讨。基于此，本节以王泽山院士为研究对象，运用扎根理论对其心理资本结构进行探析并尝试构建其理论模型，诠释其心理力量成长特点，为战略性科技创新人才培育提供理论依据，为其他科技领军人才、青年科技人才培育提供借鉴参考，同时对我国战略性科技成就的持续取得、科技强国战略目标的实现具有重要意义。

（一）相关概念界定

1.战略性科技创新人才

战略性科技创新人才是指能够把握世界科技大势、研判世界科技发展走向、瞄准世界科技前沿并在关系国家长远和全局的国防安全、能源安全、空间技术、深海探测等战略性科技领域做出突出创新贡献的人才。他们能够提出原创性科学理论，攻关具有前瞻性的关键核心技术，实现引领性原创成果的重大突破，取得颠覆性创新成就。其研究成果走在国际前沿，既抢占了战略性科技发展的制高点，又促进了经济社会的高质量持续发展。

科技创新是对人的本质力量的表达与具象化。马克思写道：“工业的历史和工业的已经生成的对象性的存在，是一本打开了的关于人的本质力量的书，是感性地摆在我们面前的人的心理学。”[②]从这个意义上说，战略性科技成就是人根本心理力量的表达。美国著名科学史家萨顿(George A. L. Sarton)指出，科学不仅是改造物质世界最强大的力量，也是改变精神世界最强大的力量，事实上它是如此强而有力，以致成为革命性的力量。科技革命也是一场心理革命，科技人才竞争除技术比拼外，必然包含心理资本的较量。具有相当竞争优势的心理资本是战略性科技创新人才挑战最前沿战略科学问题、真正把握全球战略科技竞争主动性的重要保证。

① 习近平：《为建设世界科技强国而奋斗——在全国科技创新大会、两院院士大会、中国科协第九次全国代表大会上的讲话》，人民出版社2016年版，第8页。

② 《马克思恩格斯文集》第1卷，人民出版社2009年版，第192页。

2.心理资本

心理资本(psychological capital)概念始于21世纪初,是指个体在成长和发展过程中表现出的积极的心理状态和心理力量,是保证个体取得持续性竞争优势的新型战略性资源,具有可培育、可引导和可开发性,其理论基础是心理资源理论(psychological resource theory)。心理资源包括内心资源(如自尊、理性等)、为实现目标而需要的外在支持资源(如社会支持、表彰奖励等),这些心理资源共同支持人们取得最大成就,其中心理资本是组织、协调和管理其他心理资源的基础性、关键性、核心性资源。

心理资本是一个相对开放的概念。阿瑟·戈德史密斯等认为心理资本包括自尊和控制点两个要素,詹森等认为心理资本包括希望、乐观、复原力三个要素,路桑斯人等认为心理资本包括希望、乐观、自我效能感、韧性四个要素,莱彻等认为心理资本包括情绪稳定性、外向性、开放性、宜人性、责任感五个要素。我国学者针对领导者、企业员工、科研人员、教练员等不同群体进行了积极探索,显示中国文化语境下不同群体心理资本构成包括七要素说、八要素说等。尽管国内外针对心理资本构成要素的探索结果不尽统一,但其积极的心理力量本质上是一致的,能够反映科技创新的内在精神实质。

(二)研究设计

1.研究方法

采用扎根理论方法。扎根理论是一种自下而上地从原始资料中提取概念进行归纳、论证以形成理论的研究方法,它从大量新闻、访谈、报道、视频资料中提取与研究问题相关的文字作为分析数据(原始语句),采用开放式登录编码、关联式登录编码和核心式登录编码三级编码,对理论饱和度进行检验,抽象出一个能反映现象本质的理论模型。

2.研究对象

研究对象为王泽山院士。他是我国著名火炸药学家、发射装药理论体系的奠基人,是火炸药资源化治理军民融合道路的开拓者,取得了一系列超越国外水平的具有颠覆性意义的原创成果,为我国武器装备和火炸药产品的更新换代做出了杰出贡献,是我国军事国防安全战略性领域的科技创新人才。

3.资料收集与整理

本节选取了目前网站上所能查找到的所有关于王泽山院士的官方新闻报道资料、记者专访资料及专题采访视频资料、校园访谈视频资料等,在将全部视频资料进行文字转录后,共获取文字资料4.2万余字,在此基础上对所有文字资料进行三级编码。

(三)范畴提炼与模型建构

1.开放式登录编码

开放式登录编码是对一手新闻、访谈等报道资料进行逐字逐句编码、登录的过程,从原始语句中发现初始概念,形成最初概念范畴,实现经验材料的初步概念化、范畴化。为避免主观偏见,初始概念多采用原始语句中的字词,若原始语句中包含多个初始概念,则先对其做拆分提取,然后再把初始概念归纳到初始范畴,以一个基本范畴至少包含三个初始概念为标准进行归纳。部分开放式登录编码示见表4-4。

表4-4　部分开放式登录编码示例

范畴	初始概念	原始语句
兴趣浓厚	科研"成瘾"	A1"如果大脑不想问题,一会儿就会浑身不舒服,就像犯了烟瘾。"
	研究兴致	A3"凌晨两点半起床把没有做完的工作做完,有时候研究到兴起,经常一宿不睡。"
	没有休息时间观念	A2"周末不休息,所以没有星期几的概念,谈起时间都是几月几号,没有固定休息时间。"
沉浸思考	无时无刻不在思考	A4"因为想问题经常走神,到一个地方办事,从前门进来又从后门出去了。"
	安静思考	A5"(住地下室招待所)最大的好处是没有人打扰,可以安安静静想事情。"
	有空闲就思考	A44"只要有空闲的时间,我就是在思考问题。"

续表

范畴	初始概念	原始语句
沉浸思考	思考时间利用率	A45“为什么我愿意在家吃饭，一边吃一边思考，我这个头脑在活动，时间利用率是比较高的，包括有时候走路、休息、吃饭。”
研究专一	一辈子只做一件事	A6“老师经常告诫我们一辈子不要贪多，能做好一件事就行了。”
	一干一甲子	A7“一头扎进火炸药，一干就是60年。”
	立志火炸药一件事	A8“他年轻的时候立志，到大学以后，一心做好一件事，就是做火炸药这件事。”
	自我承诺一件事	A9“对自己许下一个承诺：一辈子只做好一件事。”

2.关联式登录编码

关联式登录编码是在开放式登录编码的基础上进一步对范畴和维度进行归纳，以发掘和建构概念范畴间的类属关系，注重分析各个范畴间的逻辑关系，如相关关系、语意相近关系、因果关系、功能关系、过程关系等，选择出最能体现研究主题的主范畴。每次只对一个范畴做分析，通过对每个范畴的渐次分析，将这些主范畴与研究中得出的副范畴联系起来，形成相关范畴的关系网络，由此研究方向更加集中。部分关联式登录编码见表4-5。

表4-5　部分关联式登录编码示例

主范畴	副范畴	原始语句
使命感（包括立志复兴国家的强烈责任感，要做强中国人的民族自尊心，为国家、民族、社会甘于奉献的精神和感恩的情怀及在团队中以身作则、助力年轻人更好更快成长的责任意识等）	国家责任感	B13“立志复兴中国火炸药。”
		B14“强军报国的初心始终没变。”
	民族自尊心	B15“不做亡国奴，就必须有强大的国防。”
		B16“我是中国人，我的国家是中国。”
	对国家、民族、社会的奉献精神	B17“祖国有需要，我不能袖手旁观。”
		B18“要为中华民族伟大复兴而不懈努力。”

续表

主范畴	副范畴	原始语句
使命感(包括立志复兴国家的强烈责任感,要做强中国人的民族自尊心,为国家、民族、社会甘于奉献的精神和感恩的情怀及在团队中以身作则、助力年轻人更好更快成长的责任意识等)	对国家、民族、社会的奉献精神	B19“我也就是通过火炸药研究服务国家。”
		B20“成立奖励基金,服务科研,造福社会。”
	对国家和集体的感恩情怀	B35“我取得的一点成绩,都是因为国家给了机会,集体给了智慧,自己付出了科研时间。”
		B36“我能获得国家最高科技奖,我感到很幸福,道路更宽阔。”
	团队责任感	B10“老师从不肯在实验室里休息,我们真正理解了什么是以身作则。”
		B11“不论严寒酷暑,只要实验需要,总带头奔波。”
		B12“火炸药实验比较危险,我做了几十年,比年轻人有经验,到现场也放心。”

3.核心式登录编码

核心式登录编码(见表4-6)是在众多的主范畴里发现一个或几个有较强概括能力、关联能力和抽象度更高的核心范畴。核心范畴必须是经过反复比较被认为具有统领作用、在所有范畴中处于核心位置、能够与最大数量的范畴发生意义关联的范畴。核心范畴能够将开放式登录编码和关联式登录编码产生的主范畴和副范畴进行整合,使概念、范畴、关系等串在一起形成一条故事线,以较明确地构建理论雏形。经过反复讨论思考,最终确定本研究的核心范畴是战略性科技创新人才心理资本要素及其与科技创新成就的关系,沿着核心范畴的发展脉络概括出战略性科技创新人才心理资本的五个要素(使命感、自信、专注、韧性和超越),且每个要素都对科技创新成就产生积极作用。另外,根据原始资料三级编码渐次发现,国家给予机会、团队集体智慧、家庭亲人支持等社会支持系统在心理资本与战略性科技创新成就间发挥中介效应,物质生活求简、精神生活求真等生活方式在心理资本与战略性科技创新成就间发挥调节效应。基于此,构建了心理资本、社会支持系统、生活方式与战略性科技创新成就间的理论模型(见图4-2)。

表 4-6　核心式登录编码

核心范畴	主范畴	副范畴
心理资本 ↓ 战略性科技创新成就	使命感	国家责任感、民族自尊心、对国家民族社会的奉献精神、对国家和集体的感恩情怀、团队责任感
	自信	独立自主、自强信念、希望、自豪、做强目标明确
	专注	兴趣浓厚、高度沉浸、思考投入、研究专一
	韧性	坚韧不拔、恒心、持久耐力、意志坚定、锲而不舍
	超越	创新突破、自我超越、追求完美、竞争超越
中介变量	社会支持系统	国家给予机会、团队集体智慧、父母妻子等家庭亲人支持
调节变量	生活方式	物质生活简单朴素、科研等精神生活求真

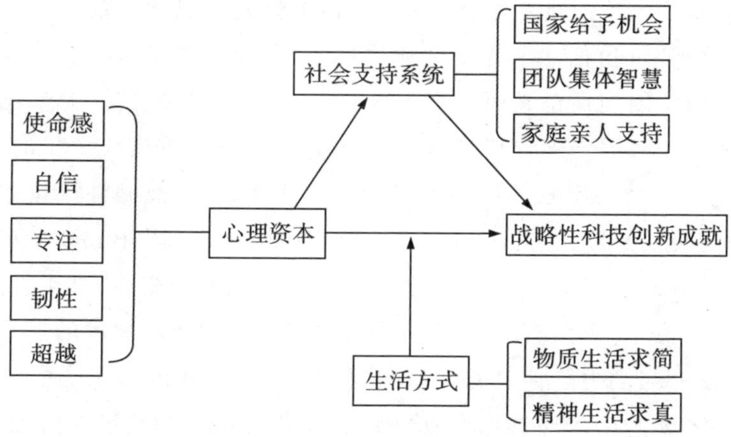

图 4-2　心理资本、社会支持系统、生活方式与战略性科技创新成就间的理论模型

4.理论饱和度检验

饱和通常理解为“没有新的类属或相关主题出现”，研究者已在一定深度上探究了每个类属、主题，包括其变化形式及与其他概念的关系等。对《新闻联播》《科技访谈》《面对面》《大家》等视频访谈资料与《人民日报》、《中国青年报》、《科技日报》、中国新闻网等新闻报道资料进行持续比较对照，直至获取的各个范畴基本完善为止，未再发现新的范畴，且各范畴内也未再发现新的初始概念，由此认为通过扎根理论得到的战略性科技创新人才的心理资本与战略性科技创新成就关系理论模型已达理论饱和状态。

(四)分析与讨论

1.战略性科技创新人才心理资本结构

战略性科技创新人才心理资本是指科技人才在科学研究过程中表现出的积极的心理品质和心理要素,是取得科技成就的内在精神力量。以王泽山院士为代表的战略性科技创新人才的心理资本包括使命感、自信、专注、韧性和超越五个要素,以上五个要素均可测量、开发和提高成就,符合路桑斯提出的心理资本POB标准,可以认定为战略性科技创新人才心理资本的有效要素。同时,社会支持系统和生活方式在心理资本与战略性科技成就间分别发挥中介效应和调节效应,是心理资本理论模型的两个重要变量。

(1)战略性科技创新人才心理资本与战略性科技成就关系

使命感即"价值信念",是对生命肩负的任务和责任的确定,以此有足够的勇气追求卓越,因坦荡正义而感到无所愧疚。本书的"使命感"是对国家独立强大、民族复兴振兴的强烈责任感,是为维护国家民族尊严责无旁贷的主体意识,是为社会、团队甘心奉献并满怀感恩的精神体现,这是战略性科技创新人才的根本价值定位。王泽山院士从小"立志复兴中国火炸药"(B13),少年立志后就从未改变初心,"强军报国"的使命感贯穿他一生的研究事业,真正做到了"不忘初心,牢记使命"。"祖国有需要,我不能袖手旁观"(B17),国家的需要成为他科学研究的使命与动力。他具有强烈的"我是中国人,我的国家是中国"(B16)的主体意识和"要为中华民族伟大复兴而不懈努力"(B18)的强大信念,正是这种高度的使命感和责任意识,使他最终获得了国家最高科学技术奖。但他觉得这是"国家给了机会,集体给了智慧"(B35)的结果,满怀对国家、团队的感恩之情,并将所获得的奖励全部用于科研,服务社会,造福人类,体现了科学家的社会担当。战略性科学研究是政府资助的具有使命导向的科学研究,使命感是战略性科技创新人才凸出的心理资本要素。

自信即"自我效能感",是面对挑战性目标个体对自己能力的乐观和信心,积极的自我效能感为个体攻坚克难提供信心保证。本书的"自信"体现为主体对自己能够激发动机、调动认知资源、采取行动并最终获得成功的强烈信心,是对自身能力、价值等做出客观正向评价的确定，是对战略性科技创新的坚定信心。从材料中可以看出，王泽山院士始终坚信我们可以“走出一条自己的路，做出原创性成果”(C21)，而且一定要走在国际前列，相信“外国人能做到的，中国人也能做到，并且能做得更好”(C33)。正是这份强烈的自信心和独立意识，使他取得了一系列原创性成果，并突破了环境温度变化对武器性能影响这一国际性技术瓶颈，解决了国际上至今无法突破的高膛压、高过载等模块技术难题，使我国武器装备技术走在了世界前沿。始终坚信自己能行并对自己永远充满希望和乐观的积极期待等自信特质是战略性科技创新人才取得创新突破的必备精神力量。没有自信就没有希望，创新也就成了无源之水、无本之木，更不用妄谈独立自主地走出独创独有的科学研究道路。

专注即“专注力”“注意力分配专一”，意味着高度的投入、自我要求和自我期许等，是用心、专心、执着的极致发挥，是对所从事的研究兴趣浓厚，探究欲望强烈，完全沉浸投入其中，并持续执着一生的研究状态。从原始资料中可以看到，王泽山院士“对自己许下一个承诺：一辈子只做好一件事”(A9)，对战略性火炸药研究“痴迷成瘾”，“如果大脑不想问题，一会儿就会浑身不舒服，就像犯了烟瘾”(A1)。工作起来没有时间概念，每时每刻都在思考所研究的问题：“为什么我愿意在家吃饭，一边吃一边思考，我这个头脑在活动，时间利用率是比较高的，包括有时候走路、休息、吃饭。”(A45)“一头扎进火炸药，一干就是60年。”(A7)正是这种六十年如一日完全沉浸的研究状态、专注执着的投入精神使他两次获得国家技术发明一等奖和国家最高科学技术奖等荣誉。“一辈子只干好一件事”的专一执着信念成为王泽山院士取得战略性科学创新成就的重要心理资本要素。

韧性即“心理弹性”、“复原力”(resilience)，是个体在压力或逆境中能够迅速恢复并成功应对的能力，本书中体现为王泽山院士在逆境、挫折、困难中不屈不挠、克服万难、锲而不舍的精神。王泽山院士坚信“科学研究从来就不是一片坦途”(G41)，要做到“在实现目标和研究遇到困难的时候毫不动摇”(G40)，“科研路上无论遇到多少困难都要意志坚定地走下去”(G43)，他在战略性科学研究中真正做到了百折不挠。虽然他已经到了退休年龄，但“偏要啃下这块硬骨头”(G23)，始终有不服老的心态，自言是“80后科研少壮派”，他的学生说“零下27℃，数据采集仪器都不工作了，他却坚持了一周，科研劲头之大，年轻人却赶不上”(G46)，所有的成就与荣誉都是他不屈不挠、不达目的誓不罢休的韧性精神的体现。科学研究的道路上困难丛生，荆棘遍布，如果缺乏足够强大的心理韧性力量，科学研究将止步不前。

超越即在创造力(creativity)基础上的自我实现，创造力是不断产生新思想和革新解答的能力，“自我实现”(self-actualization)是发挥潜能并实现自我超越。本书中的“超越”体现为不甘于当前所取得的成就，以追求更高目标为方向，勇于突破既有思维，敢于不断尝试，包括不断超越他人的竞争意识和不断颠覆自我的创造意识，以永无止境的完美为追求方向。王泽山院士“敢于冲击和突破固有思想”(D22)，“敢于挑战更高的目标，瞄准更新的方向(D25)”，敢于突破框框的能力使他在科学研究中不断创新超越。同时，他有强烈的竞争意识，坚信在独创独有上我们要比外国人做得更好，“敢为天下先”，“走他人没走过的路”，敢于超越他人的精神使他在向新的科学难题进军中取得一个又一个成就。在每一次取得成就后，他又会主动设立新的目标与方向，“刚领完国家最高科学技术奖，又雄心勃勃地向新目标发起冲击，计划用一种颠覆性技术取代现有技术”(D24)，不断走向自我超越。

(2)战略性科技创新人才心理资本理论模型中的两个重要变量

社会支持系统是指来自重要他人或组织、群体的尊重、关爱、支持和帮助等。三级编码资料分析发现，社会支持系统在心理资本与战略性科技创新成就间发挥中介效应，即心理资本既直接影响战略性科技创新成就，又通过社会支持系统这一中介变量间接影响战略性科技创新成就。王泽山院士认为自己取得的成绩是“国家给了机会，集体给了智慧，自己付出了科研时间”(B35)的结果，同时父母和妻子也给予了充分的支持，“他们(父母)舍不得我走，但明白我是在为国家做事情，只要我走，他们绝不留”(E31)，“我和老伴约法两章，我工作的时候相互之间不打扰，她正常出去玩，我正常在房间工作”(E30)。王泽山院士在具备积极心理资本的条件下，又得到了国家、团队、集体、家庭等的积极支持，使他获得了一次又一次战略性科技创新成就，受到了国内外的高度关注。可见，国家给予机会、集体或团队给予智慧、父母妻子给予家庭支持等使王泽山院士能够专注科研，取得了一系列战略性科技创新成就，因此不可忽视社会支持的中介作用。

生活方式是个体在物质和精神生活上的精力分配方式，反映支配个体精力和时间的活动、兴趣、习惯和态度等，体现个体生活价值取向。生活方式在心理资本与科技成就间发挥调节效应，即科学的生活方式正向调节心理资本对战略性科技成就的作用,而不科学的生活方式则对其产生负向减弱作用。分析结果显示,王泽山院士保持着精神生活求真、物质生活求简的科学生活方式,具有"从简求真"内外协调一致的生活价值取向,这为科学研究的创造性提供了保证。正如材料中提到"我对生活没有要求,能吃到饭就很好了"(F36),"出门也从不向学校要车,也不用其他人送,交通问题自己解决"(F38),正是对生活没有过多要求、生活琐事"不麻烦别人"的独立心态使王泽山院士免受复杂生活关系的困扰,研究及思考也更加独立高效。同时,"爱运动,是为了练就一副好身体支持搞科研"(F39),"要以科学精神研究科学"(F40)等。这都体现了他运动、读书、科研一脉相承的简单求真风格。物质生活求简、精神生活求真的科学生活方式在其心理资本与战略性科研成就间发挥了积极的正向调节作用。

2.战略性科技创新人才心理资本培育

战略性科技创新实质是战略性科技人才源于国家使命,始于浓烈兴趣,终身专一执着,磨炼心理韧性,坚信独创独有及敢为天下先的超越过程,是认知突破、情感升华、意志坚定、良好支持、科学生活等系统共同作用的结果。

(1)培育正确的成就价值定位,以国家强大民族复兴为使命

麦克利兰(David G. M. Clelland)的成就需要理论认为,个体对其可能取得的成功所赋予的目标价值是其成就行为的重要决定因素,即个体对其成就赋予更崇高的价值时其成就行为动力就更大。国家重大战略需求关涉国家安全和经济社会发展全局,是促进综合国力和国际竞争力提升的战略关键。习近平总书记指出:"科技实力决定着世界政治经济力量对比的变化,也决定着各国各民族的前途命运。"[①]战略性科技创新是为人民谋幸福、为民族谋复兴、为人类谋发展的伟大事业。因此,广大科技人员特别是青年科技人员要始终把国家和人民放在心上,增强责任感和使命感。战略性科技创新人才要明确"为国谋发展、为民谋福祉"的价值方向,以国家使命、民族责任为价值定位,心系国家、甘于奉献,培养强烈的爱国情怀。同时,国家要给予科技创新充分的政策支持,政府科技管理部门做好战略性科技发展的长远规划,保证国家战略性科技力量发展的建制化优势,真正发挥国家战略性科技创新成就国之重器、国之利器的作用。

(2)培育积极乐观的成就预期,形成自信与成就的良性心理循环

成就动机理论认为,个体成就行为受两种竞争性动机相对强度的影响,即

① 习近平:《在中国科学院第十七次院士大会、中国工程院第十二次院士大会上的讲话》,《人民日报》2014年6月10日。

追求成功的动机和避免失败的动机，当一个人更愿意接受持续不断的新挑战并且成就显著时，他力求成功的动机就显著强于避免失败的动机。由此可见，两种竞争性动机的相对强度也是决定成就行为的关键因素，其中追求成功的动机是个体积极乐观的成就心理预期，对成就取得更有积极价值。因此，战略性科技创新人才要注重培养追求成功的成就动机，客观认识自身优劣势，既不妄自尊大，也不妄自菲薄，树立积极乐观的成就预期，坚定创新自信，打造科技竞争实力。辩证唯物主义认为内因是事物发展变化的根本，外因是条件，因此战略性科技创新还要坚持自力更生，摆脱依附、依从与依赖。正如习近平总书记所说："自力更生是中华民族自立于世界民族之林的奋斗基点，自主创新是我们攀登世界科技高峰的必由之路。"[①]自立自信是战略性科技创新人才自主创新的底气来源，核心科技、关键技术必须立足自身，自力更生，自主创新，靠化缘是化不来的。科技人才要保持清醒、摒弃幻想，坚信自己的拼搏，"做前人之不敢做，行前人之不敢为"，"敢为天下先"，唯有此才能真正在"独创独有"上取得颠覆性成就。

(3)培育强烈的成就需要动机，打造"一生磨一剑"的专注定力

麦克利兰的成就需要理论认为，具有强烈成就渴望的人，往往取得了更高水平的成就。成就需要动机是我们对自己可能取得成就的期望、期待和欲望水平，这种需要动机越强烈，取得科技创新成就的可能性就越大。因此，要注重培育战略性科技创新人才强烈的科研欲望、浓厚的科研兴趣和成就需要动机，树立"一辈子只干好一件事"的长远心理预期，愿意为所从事的战略性科学研究事业"一生磨一剑"，真正做到对所从事的研究终生痴迷、执着，不断向纵深钻研，从而夺取所研究领域的战略制高点。在引进高新技术上不能抱任何幻想，核心技术尤其是国防科技技术是花钱买不来的。只有把核心技术掌握在自己手中，才能真正掌握竞争和发展的主动权，才能从根本上保障国家经济安全、国防安全和其他安全。战略性科技创新人才专注执着的科研定力是精益求精的工匠精神的体现，是真正实现不受制于人、不跟在别人后面追赶的"心锚"定力，如此才能真正掌握战略主动。同时，国家要充分尊重战略性科技创新人才的自由探索精神，为其执着一生的研究创造宽容、包容的环境条件。

---

① 习近平：《在中国科学院第十九次院士大会、中国工程院第十四次院士大会上的讲话》，《人民日报》2018年5月29日。

(4)培育正向思维归因习惯,涵养强大的心理韧性品质

伯纳德·维纳(Bernard Weiner)的成就归因理论认为影响个体成就行为的极为关键的因素是他如何解释成功与失败及他是否认为自己能够控制这些结果,即成就思维归因倾向。他按稳定性和内外控两个维度对成就归因进行了分类,把能力和任务难度归为稳定原因,努力和运气归为不稳定原因;能力和努力归为内部原因,任务难度和运气归为外部原因。把成就更多归因于能力强、任务难度可控、运气好等正向因素,将失败仅仅归因于努力程度还不够,并由此坚信可以通过更多努力取得更好成就的归因方式,即是积极正向的思维归因方式。科技创新本身意味着对原有事物的突破甚至颠覆,行进的道路必然不会一帆风顺,因此,战略性科技创新人才在科学研究的道路上要养成正向思维归因习惯,遇到困境正向思考,锲而不舍,追根究底,绝不半途而废或满足于一知半解,要在屡战屡败、屡败屡战中磨练强大的心理韧性,提高从挫折中快速恢复的能力,为战略性科技成就的持续取得培育韧性力量。同时,对待战略性科技创新,要有只争朝夕的紧迫感,要勇于担当,知难而进,敢啃战略性科技关键核心技术“卡脖子”的硬骨头,把握历史发展机遇,实现战略性科技创新“弯道超车”式发展,从而真正拥有国家非对称性赶超战略的“杀手锏”。

(5)培育善于突破的创新意识,发展持续性超越力量

皮亚杰(Jean Piaget)认知发展观认为,认知图式构建通过同化和顺应两种机制实现,能够用现有认知结构解释新经验的过程称为“同化”,需要改变认知图式以提供新的解释的过程称为“顺应”。善于创新才会勇于超越,创新超越都源自对已有知识的重组,以全新方式对老问题重新审视,不断主动形成新认知图式,从而推动认识从一个阶段跃升至下一个更高的阶段,实现持续性超越发展。马斯洛(Abraham Maslow)关于人的需求层次论认为自我实现需要是最高层次需要,是个体充分发挥潜能寻求向上发展的内驱力,自我实现意味着不断激发自身潜能以达到高峰创造状态,自我超越在自我实现中达成。由此可见,科技创新实质是主体成就与自我实现的高度统一。因此,战略性科技创新人才要始终保持探究的好奇心,敢于打破常规,不断突破已有认知图式,敢于质疑现有理论,勇于开拓新方向,同时要铭记“落后就要挨打”的惨痛教训,在科技成就与科研探索的螺旋式攀升中不断培育主体超越精神,形成崇尚变革、勇于尝试的科学风尚,在持续的自我超越发展中形成科技创新的比较战略优势和绝对战略优势,抢占科技创新制高点。

(6)培育健全温馨的社会支持系统,构建科技创新的协同合力

尤里·布朗芬布伦纳的生态系统理论认为,每个人都是生活在由微系统、中系统、外系统、宏系统组成的社会支持生态系统中,来自各个系统的组织、个人给予我们物质和精神上的支持和帮助,从而使我们获得成长与发展的支持力量。因此,提高战略性科技创新人才的科技成就,需要国家、政府、社会组织、科研团队和家庭等各方面给予充分支持,为研究创新提供条件。国家及各级政府重视支持战略性科技人才发展,深化科技体制改革,为科技人才发展提供机会平台并委以重任,对科学研究周期长、出成果慢的战略性基础研究给予基金倾斜性政策支持,对甘于寂寞、心无旁骛专心科研的战略性科技创新人才给予工作生活稳定保障支持,免除其后顾之忧,真正做到"厚爱",以识才的慧眼、爱才的诚意、用才的胆识、容才的雅量、聚才的良方汇聚良才,为国家民族发展之大用。组建团结合作、和谐奉献的科研团队,充分发挥团队成员集体智慧,为科研成就的取得贡献团队支持力量。战略性科技创新人才的家庭(包括父母、妻子等)给予的最充分的理解和情感支持,为其取得战略性科技人才创新成就全面助力。

(五)研究不足及未来方向

一是作为国家战略性科技创新人才,王泽山院士在获得国家最高科学技术奖后,有关他的报道资料才多了起来,因此本研究所收集到的资料均为目前所能查找到的所有采访资料、视频资料及新闻报道资料,尚未见王泽山院士的个人传记等资料,可能会存在因资料收集局限心理资本要素探析不够全面的可能性,如果条件允许希望能有机会对王泽山院士进行面对面访谈,也希望能看到有关他的更多的个人传记等多方位材料面世,以完善战略性科技创新人才心理资本。二是根据研究资料进行的心理资本与战略性科技成就理论模型的构建为战略性科技创新人才培养提供了理论指导,但毕竟还停留在理论构建层面,后续尚需进行战略性科技创新人才的实证量化研究,以进一步检验理论模型构建的科学性,从而更好地指导战略性科技创新人才的培养。三是后续就战略性科技创新人才的人力资本、社会资本、心理资本等进行综合探索并建构发展模型,以更全面地了解战略性科技创新人才的心理文化,挖掘创新文化的心理渊源等。

综上,从对海洋科学家心理资本结构的探析中我们可以看到,海洋科学家

的心理品质中蕴含着丰富的海洋科学家精神，即爱国精神、创新精神、求实精神、奉献精神、协同精神和育人精神，将他们坚定执着追求真理、自信自立怀疑批判、不断超越创新创造的精神品质融入高校思政课，可以激发新时代大学生对海洋科学研究的强烈愿望，从而培养大学生的怀疑精神、批判精神、创新精神，培育大学生海洋科学研究的情怀，扣牢他们人生的“第一粒扣子”。因此，海洋科学家精神是涉海类高校思政课教学的鲜活资源，只有将海洋科学家精神真正融入高校思政课教学实践，才能将对海洋科学家精神的理解和弘扬提高到一个新境界，推动高校思政课守正创新。

第五章　“讲好最美海洋科学家故事”融入课堂实践

高校思政课是富有挑战性和创造性的工作，只有不断进行课堂教学综合改革，遵循学生心理成长规律，才能深刻触动大学生的心灵。为更好“讲好海洋科学家”故事，要充分发挥教师主导与学生主体的双向互动作用。学生们对海洋科学家故事的讲授既要有温度又要有热度，真正做到言之有物、言之有据、言之有情，使思政课充分凸显学生的主体性，同时，又要注重发挥教师的主导性作用，引导学生深入思考并增强学生对海洋科学家精神的认同感，在潜移默化的教育中将海洋科学家精神融入大学生的心理和行为中，从而使大学生勇担时代使命。

一、海洋潮汐学家·窦叔蒙

唐代海洋潮汐学家窦叔蒙的故事

（讲述人：2019级物理海洋专业　莫扬淇　刘敏）

蔚蓝无际的大海总能引起人们无限的遐想，对于未知的领域，人们总是充满好奇。在远古时代，为了解释海洋中的自然现象，人们创造了各种有关海洋的神话故事，诸如“海神”“龙王”“妈祖”“观音”等神话人物，这是基于古代人类对自然探索刚刚起步的历史条件以及人类对广阔且未知的海洋存在的畏惧心理。从“八仙过海”“精卫填海”等耳熟能详的神话故事中，我们能够明显地看到古代中国人探索海洋的心愿与决心。

海洋科学启蒙于古代航海活动的发展，过去人们对海洋的认识主要集中在航海术上，其中包括与之相关的海图绘制和造船术。明代郑和率舰队七下西洋，在世界航海史上写下辉煌的一页。中国作为世界上利用海洋最早的国家之一，对海洋的认识已不仅仅局限于航海领域，古代中国人从海洋获取“渔盐之利”和“舟楫之便”，同时不断观察和认识海洋，积累了大量海洋知识，尤其在海洋潮汐方面有许多成就。

潮汐海洋学是海洋科学的重要学科组成，对于古代沿海地区开发、港口码头设立、航海贸易发展等社会生产领域有着举足轻重的作用。8世纪中叶窦叔蒙著《海涛志》，这是我国史籍所载现存最早的关于潮汐研究的专著。他通过实际观察并揣摩汲取前人资料，最终系统总结海洋潮汐规律，绘制了高低潮时推算图，为我国海洋潮汐学的发展做出了重要贡献。我们要介绍的最美海洋科学家就是我国古代最先对海洋潮汐知识进行全面总结、创制世界上最早“高低潮时推算图”的唐朝海洋潮汐家窦叔蒙。

我国古代专门论述潮汐的著作中，三国时代吴国严畯写的《潮水论》早已失传，仅在《三国志·严畯传》里保存了一个篇名；唐朝窦叔蒙所著的《海涛志》也险些遗失，《全唐文》中只收录了第一章，宋代欧阳修的《稽古录》也只记载了六章篇名，清代俞思谦所撰《海潮辑说》中辑录全文，才留下了这份宝贵资料。

窦叔蒙，唐代潮汐学家，浙东人，为宝应至大历年间(762～779)处士，生平经历尚待进一步发掘。窦叔蒙对海洋潮汐的研究成果是我国古代科学遗产中极为宝贵的财富。窦叔蒙是我国古代第一位对海洋潮汐知识进行全面系统总结的科学家，是世界上最早的“高低潮时推算图”的创制者。这位被埋没了的“浙东处士”在我国和世界科学史上应当占有光辉的一页。在找资料的时候，我们发现关于窦叔蒙的资料非常稀少，流传下来的也不过是清朝俞思谦《海潮辑说》中辑录的《海涛志》，如此我们才得以知晓这位默默无闻的海洋潮汐学家的部分情况。

窦叔蒙写成《海涛志》一书，对潮汐变化与月球运动的关系做了科学的观察与探讨，指出“月与海相推，海与月相期，苟非其时，不可强而致也。时至自来，不可抑而已也”，说明潮汐现象是日月运行昼晦交替所造成的自然现象，是不可抑止的自然规律。他还记述了每日有两次潮汐现象，每朔望各有两次大潮，上弦、下弦时各有两次小潮，一年之中也有两个大小潮期。他还创造了用图表显示潮汐变化规律的科学方法，图中列有月亮圆缺的情况，绘出相应的潮汐变化图，潮汐变化规律一目了然。

窦叔蒙自幼生活在浙江省东部地区，海风、海浪伴他长大。面对波涛汹涌的大海，他心里总升腾起一种探求其中奥妙的强烈欲望。他几乎是每天习惯性地在固定时间出现在海滩上，盯着激来荡去的潮水凝思默想。长期的观察实践、浓厚的求知兴趣，再加上对前人资料的汲取揣摩，他终有发现、收获，总结系统化后写成了《海涛志》一书。《海涛志》又名《海峤志》，共六章，是我们现在能够看到的我国古代第一部潮汐学方面的专著。我国古人在海洋方面有这么一句话"朝生为潮，夕生为汐"，意思是发生在白昼的海水涨落为"潮"，发生在夜间的海水涨落为"汐"，合称"潮汐"。

窦叔蒙论述了海洋潮汐形成的原因。他继承了朴素唯物主义的"元气自然论"，认为事物变化是可以探索研究并计算出来的。对于生活在那个年代的窦叔蒙来说，想要解开海洋的秘密不是一件简单的事情，他没有像现在这样精确的计时仪器，也没有清晰的观测仪器，他能做的就是每天在海边观察潮水的涨落，日复一日，年复一年，发现潮汐的涨落与月相的关系。

窦叔蒙认为，海洋潮汐涨落是有规律的，他计算了很长一段时间内的潮汐循环次数，虽然计算得到的潮汐循环所推迟的时间和现在相差了28.04秒，但对于那个年代的人来说，计算结果已经相当准确了。窦叔蒙通过自己长期细致的观察和大胆的联想，根据潮汐和月亮同步的原则，利用天文方法来推算太阳日的长度，即月亮两次到达上中天的时间间隔，并将其看作两个潮汐所需的时间。

窦叔蒙在《海涛志》中对高低潮时的推算建立了一种科学的独步一时的图表法——高低潮时推算图。他写道："涛时之法，图而列之。上致月朔、朏、上弦、盈、望、虚、下弦、魄、晦。以潮汐所生，斜而络之，以为定式，循环周始，乃见其统体焉，亦其纲领也。"推算某一天的高低潮，可以用窦叔蒙设计的图表。这种图表是一个具有纵横两轴的坐标系统，横轴上列着月相的变化，月相的变化从朔至晦代表着一个朔望月的日期；纵轴上标着时间，将某地实测的高低潮时分别标入，然后将这些标记用斜线连接起来，便构成一个朔望月的高低潮时推算图，从图中可以看到一个朔望月内潮汐变化的整个情况。无疑，在当时这种潮时推算图是存在的，但却未能流传下来。"高低潮时推算图"是我国最早的海洋高低潮时预报法，比欧洲的"伦敦桥涨潮时间表"早了400多年，而坐标系统的使用比司马光的"韵表"早了300多年。

我们国家海疆辽阔，海岸遍延南北，潮汐现象十分普遍，长江、钱塘江等河口地区的涌潮十分壮观，"高低潮时推算图"至今还能应用于我国半日潮地区。

窦叔蒙的《海涛志》对潮汐变化的原因及其规律的深入描述，以及得出的比较科学的结论，对我国潮汐学的研究影响深远，后世的很多相关作品都引用了他的观点。

在科技并不发达的古代，特别是天文学、数学的水平尚不足以对海洋潮汐现象做出严格的力学上的分析和论证，但从窦叔蒙的研究中可以看出，我国古代科学家通过对客观事物的精细观察，对事物运动的辩证认识已达到了令人惊讶的高度。窦叔蒙在没有精确仪器和充足论证的情况下，风雨无阻地去海边观察潮汐涨落，这样认真严谨、刻苦求真的精神在科学技术如此发达的今天也同样值得我们学习。他能把海水的涨落和天上的月相结合起来，这种仔细观察、大胆联想的科学精神同样值得我们学习。他还绘制了比西方早400多年的“高低潮时推算图”，这种创新的精神也正是我们需要学习的。我想，在枯燥地观察潮汐和计算潮时时，支撑窦叔蒙坚持下来的是强烈的求知欲，是对自然的敬畏和对认识、征服自然的强烈愿望。当今时代，求知仍旧是我们学习的最强动力，在探索海洋的过程中，我们不能忘记对自然保持敬畏，保护自然，爱护环境。

距今1200多年前的海洋科学家窦叔蒙为我们留下的不仅仅是他的潮汐理论，更重要的是值得我们毕生去学习的他对待科学的精神。新时代的我们，在国家海洋强国政策支持下，拥有了更好的技术条件，应当继承并弘扬先辈的科学探索精神，去认识海洋、探索海洋、征服海洋。习近平总书记指出：“科学成就离不开精神支撑。科学家精神是科技工作者在长期科学实践中积累的宝贵精神财富。”[①]中国新时代“科学家精神”的定义为：胸怀祖国、服务人民的爱国精神，勇攀高峰、敢为人先的创新精神，追求真理、严谨治学的求实精神，淡泊名利、潜心研究的奉献精神，集智攻关、团结协作的协同精神，甘为人梯、奖掖后学的育人精神。历史是最好的教科书，中国古代实测潮汐表的先进，古代中国潮汐海洋学的繁荣，离不开历朝历代的海洋科学家们。因此，我们要善于探究中国古代海洋科学家精神，挖掘其与新时代科学家精神间的联系，从而更好地实现新时代科学家精神的赓续与传承。

一是胸怀祖国、服务人民的爱国精神。国家的统一、社会生产力的提高、国际交往的频繁、沿海地区的日益开发、国内商业和对外贸易的昌盛，使唐朝出现空前盛世，而潮汐学就直接服务于航行。河口航行须识潮水涨落，航海贸易亦须识潮，港口码头建设须知潮位，船只停靠码头亦须知潮时潮高等，因此，潮时

① 习近平：《在科学家座谈会上的讲话》，《人民日报》2020年9月12日。

的推算是社会生产发展的急迫需求,关系到国家经济发展和百姓生产生活。窦叔蒙着手开展利国利民的高低潮时推算方法研究,我们可以在他身上找寻到胸怀祖国、服务人民的爱国精神。

二是勇攀高峰、敢为人先的创新精神。创新、敢为天下先,不同于近现代潮汐海洋学的研究,在没有充分的数学、物理、天文学等知识体系的古代中国,古人无法运用牛顿定律等物理公式对海洋潮汐现象作出严格的力学分析论证,也无法利用超高运算速度的信息处理设备来建立复杂的数学模型。虽难以想象古人是如何完成这高难度的演算归纳,翻越这高耸入云的学术高峰的,但他们真真实实做到了,勇攀高峰、敢为人先的创新精神在他们身上闪烁。

三是追求真理、严谨治学的求实精神。古时人们对自然现象不够了解,因而做出了许多荒诞的解释,对于喇叭形河口涌潮的成因,中国古代民间流传着伍子胥冤魂驱水形成涌潮的迷信说法,而东晋王充批驳了这一说法,并提出浅狭河口激起涌潮的理论。宋代燕肃也认为那些说法不可信,他先后用了10年的时间,走遍东南沿海各地进行观察、试验,并对各地海潮进行了分析、研究、比较。此外,对于涌潮的成因,葛洪提出潮汐"力""势"理论,卢肇提出江水海潮在狭窄河道相遇的理论。中国古代海洋科学家们勇于突破迷信传说,无不显示出追求真理、严谨治学的求实精神。

四是淡泊名利、潜心研究的奉献精神。不为名利遮望眼。引入太阳在潮汐中作用的唐代卢肇虽然家境贫寒,却有着极其高昂的志向。艰难困苦阻拦不了他追求学问的脚步,权贵名利弱化不了他潜心研究的意志。入仕后,所到之处颇有文名,官誉亦佳,淡泊名利、潜心研究的奉献精神在他身上绽放。

从古至今,中国科学家身上都闪耀着宝贵的科学家精神。2020年9月11日,习近平总书记在科学家座谈会上指出:"我国科技事业取得的历史性成就,是一代又一代矢志报国的科学家前赴后继、接续奋斗的结果。"[①]新中国成立以来,中国取得的巨大发展成就离不开广大科技工作者。正是有了他们创造出的令世界瞩目的科技成果,祖国科技进步才有了信心,人民谋求幸福才有了底气。我们作为海洋科学的学生,应该抓住机遇,努力学习海洋知识,为国家的海洋事业献出自己的一份力量。探索认知海洋是开发利用和保护海洋的先决条件,人类对海洋的探索永无止境,只有全面、准确、深刻地了解海洋,掌握海洋的运动规律,才能为建设海洋强国提供坚实的科学依据。为此,我们要学习窦叔蒙的

① 习近平:《在科学家座谈会上的讲话》,《人民日报》2020年9月12日。

科学精神,认真严谨地采集有关海洋数据,认真刻苦地学习海洋知识。如今,大片的海洋未知领域等待着我们去探索,作为新时代的青年人,我们应当始终铭记并践行科学家精神,探索神秘的海洋,更好地了解海洋、利用海洋,为我们国家的海洋强国战略提供理论和技术支持,全身心投入国家的海洋强国事业中去。

附:延伸讲述——以潮汐海洋学为线索的中国古代海洋科学的继承与发展

中国古籍中最早对潮汐现象做出科学解释的是东汉的王充,他提出“涛之起也,随月盛衰”,指出了潮汐和月亮的关系。随后,西晋杨泉,唐朝窦叔蒙和封演,宋朝张君房、燕肃、余靖、沈括,元朝史伯璿等,坚持并发展了王充的理论。唐朝窦叔蒙指出,“以潮汐作涛,必待于月。月与海相推,海与月相期”,对潮汐周期进行推算,并绘制理论潮汐表。之后,古代海洋科学家将理论潮汐表不断改进和完善。东晋葛洪和唐代卢肇引入太阳在潮汐中的作用。在此基础上,宋代张君房最早定出潮时逐日推迟数,宋代燕肃指出潮时逐日推迟数有大尽(一朔望月30天)和小尽(29天)之分,进一步完善了理论潮时的推算。

潮汐理论自东汉以来,经无数科学家承前启后地继承与发展,在北宋达到顶峰。现存的北宋吕昌明于1056年编制的“浙江四时潮候图”,比欧洲现存最早的13世纪的“伦敦桥涨潮时间表”要早得多。由此可见,中国古代的实测潮汐表已经遥遥领先于世界。

二、海洋鱼类学家·朱元鼎

现代海洋鱼类学奠基人朱元鼎的故事

(讲述人:2019级海洋技术专业　夏瑞兆)

中华大地地大物博,幅员辽阔,海洋水域面积也在世界上名列前茅。我国是世界第一大渔业国,自1990年起水产品产量稳居世界第一,其中水产养殖产量尤为突出。然而,在20世纪初,我国的水产养殖业还只是蹒跚学步。发生这一巨大转变的功勋章上,必定有朱元鼎的名字,这位面容慈祥的长者一生爱国,辛勤耕耘。

作为中国鱼类学主要奠基者,朱元鼎首次将比较解剖学应用于鱼类分类学,创新了石首鱼类分类系统,揭示了中国软骨鱼类侧线管系统以及罗伦瓮和罗伦管系统的复杂结构,填补了中国鱼类地理分布与区系特征的多处空白。朱元鼎一生发表、出版论著67部(篇),发现鱼类新亚科4个、新属10个、新种48个。不仅大大丰富了中国鱼类学知识体系,而且为摸清我国鱼类"家谱"做出了重要贡献。我讲述的海洋科学家故事就是中国鱼类分类学奠基人朱元鼎先生的故事。

1896年10月2日,朱元鼎先生出生于浙江省鄞县(今浙江省宁波市鄞州区)一个商人家庭。7岁在当地念私塾,15岁被双亲送到宁波恒大钱庄当学徒。他见一些幼时私塾的同学在中学里念书,十分羡慕,总想有朝一日继续上学。在工作之余,他抓紧一切机会自学。当时辛亥革命胜利,进步思潮有力地影响了世代经商的朱家,在他一再恳求下,加之得到思想开明的叔父的支持,父母同意他结束学徒生活进入宁波斐迪中学念书。

宁波是渔业繁盛的地区,又靠近我国最大的渔场——舟山渔场。朱元鼎总喜欢徜徉于码头、鱼肆,徘徊于甬江之滨。他爱海,爱鱼,爱这富饶的土地。恰恰就是鱼类资源问题,授课老师总是语焉不详,搞不清浙东海里到底有多少种鱼类,因为那时还无人写过一部比较系统的有关中国鱼类的书籍。这就是朱元鼎同鱼类结下不解之缘的初因。

1916年,朱元鼎用两年时间完成了本该六年完成的中学学业。中学毕业后,朱元鼎考入东吴大学生物系。由于品学兼优,三年级他被选为全校"丽译会"主席,每周举办演讲竞赛、专题辩论等有益于增长知识的活动,深得广大师生的好评,同时还被选为东吴大学学刊编委。在学业上,朱元鼎受美国著名生物学家、东吴大学教授祁天锡(N. Gist Gee)影响颇深。直至他晚年还深情地向助手回忆祁天锡教授治学严谨,对学生谆谆教诲,既严格要求又热情栽培的情景。1919年,朱元鼎发表了《藻类的经济价值》一文,这是他最早的关于水产方面的科学论文。

1920年大学毕业后,朱元鼎受聘于上海圣约翰大学生物系(今华东师范大学生命科学学院)。1925年,因学业优异被学校选送美国康奈尔大学研究院进修昆虫学。1926年,获理学硕士学位,回国后继续在圣约翰大学任教。他除先后讲授昆虫学、鱼类学、遗传学和比较解剖学等多门课程外,还坚持昆虫学的研究工作。1928年后,两年内先后发表昆虫分类学论文4篇,发现襀翅目昆虫2个新属和9个新种。

在圣约翰大学任教期间，年轻的朱元鼎目睹外国专家将在中国采集的大量鱼类标本带回国去，发表不少有关鱼类新种的文章，将许多中国渔业资源资料窃为己有，甚感痛心。面对中国丰富的鱼类资源，鱼类学研究领域却被外国人把持的情况，朱元鼎下定“我们要做中国渔业科学的主人”的决心，毅然放弃研究多年的昆虫学工作，转而研究鱼类。1930年，他发表了第一篇鱼类学论文《中国鱼类学文献》，1931年出版了中国第一部系统的鱼类学专著《中国鱼类索引》。

1932年，朱元鼎被选送美国密歇根大学，在该校动物博物馆著名鱼类学家赫伯斯(Carl Leavitt Hubbs)指导下攻读博士学位。在他的努力下，原定两年的进修任务，一年半就完成了。1934年2月获哲学博士学位，同年被圣约翰大学聘为教授。1935年发表博士论文《中国鲤科鱼类之鳞片、咽骨与其牙齿之比较研究》，在国内外获得广泛的重视。

在学术上，精益求精、不畏困难的精神成就了朱元鼎，而在为人方面，一腔热血、赤诚报国的气概成就了浩然正气的朱元鼎。1935年华北事变后，日本方面对中国的一些名教授格外“垂青”，朱元鼎先生也成了他们拉拢的对象。1936年夏，亚洲文会上海博物院给朱元鼎送来“请帖”，邀请他赴日讲学。朱元鼎以请帖来迟，下学期课程已排满为由，回绝了对方的邀请。次年，日本方面又频频邀请，都被朱元鼎先生一口回绝。其实早在青年时期，朱元鼎就表现出强烈的爱国情怀，一直秉持一颗赤子之心，后来朱元鼎向家人谈起当年日本的“盛情邀请”时说：“小恩小惠岂能毁掉中国人的国格与人格！”面对外界的威逼利诱，朱元鼎从来没有一丝的动摇，彰显了一个爱国学者坚定的民族气节和浩然正气。

从全民族抗日战争爆发到中华人民共和国成立这段时间，尽管朱元鼎坚持开展鱼类研究，但终因局势动荡，困难重重，收效甚微。而新中国成立后，朱元鼎先生终于有充分的精力潜心学术研究，取得了丰硕的成果。1952年，中国第一所本科水产高等院校——上海水产学院成立，朱元鼎担任海洋渔业研究室主任，专心致力于鱼类的研究，不断取得新的成绩。1956年，朱元鼎被推荐为中、苏、朝、越四国太平洋西部渔业研究委员会的中国代表团成员，多次出席会议，宣读论文。1957年，朱元鼎被评为一级教授，同年11月国务院任命他为上海水产学院院长。1959年，中国科学院上海水产研究所成立，他兼任所长和鱼类学研究室主任，更是全力投身科研和教学事业。在1960～1963年的短短四年中，他完成了《中国软骨鱼类志》《南海鱼类志》《东海鱼类志》《中国石首鱼类分类系统的研究和新属新种的叙述》等专著，基本上摸清了中国沿海鱼类资源的种类和区系分布，为我国开发和利用海洋鱼类资源做出了贡献。在他领导下建立起来的院、所鱼类标本室不断得到扩充完善，成为中国研究鱼类的重要基地之一，深受国内外学者称羡。

到了晚年，荣誉等身的朱元鼎并没有放弃学术研究，新中国成立时已年逾半百，但他治学严谨、一丝不苟、精益求精、事必亲躬、身体力行。在研究鱼类时反复地做实验，丝毫也不马虎，他戴着老花眼镜，手拿放大镜，对记录上的每句话、每一张图稿都和实物再三对比、核实、修正，直到完全正确为止。80岁后，他腿部肌肉萎缩，双手颤抖，操作相当困难，但他坚韧不拔，锲而不舍，在家中看解剖镜下标本，因无转椅，只得站着看，直到累得气喘才休息一下，接着又站起来看。为了正确运用某一学术用语或人名、地名，总得翻阅多本参考书，考虑再三而后定。一篇论文往往数易其稿，力求无懈可击，对学术上的每个问题都要盘根问底，从不含糊，如在研究软骨鱼类侧线管系统时，为了搞清鳐类的舌颌管背腹支穿连的情况，他反复查资料、观察解剖标本，甚至在吃饭、走路、休息时都在思考，直到完全弄清来龙去脉。他年事高、科研成果产量高、论著质量高，许多外国来访的学者都为之感动，表示钦佩。1984～1985年，近九十高龄的朱元鼎主编出版《福建鱼类志》(上、下卷)，这是他晚年最后主持编著的一部200余万字的鱼类志书巨著。1986年11月，朱元鼎因病卧床不起，却仍然不忘《中国鱼类志》的编写工作，召集助手于病榻前商讨如何早日完成编写工作。12月初，老先生的身体已经十分虚弱，他却还要坚持审阅论文。此时，距朱元鼎去世不到两周的时间。1986年12月17日，朱元鼎先生在上海逝世。生前，他把私人珍藏的图书、资料全部捐出。为了表彰他的爱国热忱，有单位给予他奖金，家属深知朱元鼎老先生提携后生之夙愿，将其全部捐给了上海水产大学，建立了“朱元鼎奖学金基金”。

朱元鼎先生的一生是光明磊落的，他把自己的一生都奉献给了中国水产事业，毕生辛勤耕耘，为祖国的水产科研和教育事业做出了杰出贡献。他悉心培育人才，提携后秀，甘为人梯。他对助手注意教导与培养，对刚参加工作的青年科学工作者，他亲自制订了培养基本功的计划，提倡搞科研要有锲而不舍的韧性与钻劲。悉心指点，严格要求，不论谁的学术论文，他都亲自过目，反复推敲，连一个标点符号也不放过，几乎每篇都被他不止一次地退回修改，直到他觉得无懈可击。如果发现助手面有难色，他就严肃地说道：“这是千百年大计，要对后人负责啊！”如有一点成绩与进步，即会受到热情的鼓励。

他为国家培育了大批中青年鱼类学和水产科技人才，其中有的已晋升为副研究员、研究员、副教授、教授。朱元鼎多次语重心长地对助手说：“我的有生之年不多了，我要抓紧一点，为你们铺路搭桥，也算是为国家尽最后一点贡献！”

讲完朱元鼎先生的故事，我热泪盈眶。我不仅为他那深沉的赤子之情、爱国之心所感动，更为他那终身投身科研学术、矢志不渝、老而弥坚的精神所震撼。他那些宝贵的精神永垂不朽，是留给我们后人的无价之宝。1996年，荣毅仁在朱元鼎先生100周年诞辰之际为其题词“敬业奉公，为人师表”，这充分肯定了朱元鼎为中国鱼类学和水产教育所做的重要贡献。治学严谨、孜孜不倦的学术风范和敬业爱国、甘为人梯的崇高人格，是朱元鼎先生一生的生动写照。

作为后辈，我们所能做的是追忆老先生的伟大与崇高，再一次瞻仰老先生的崇高风采，我们要学习的不仅是他治学严谨、一丝不苟的学术精神，还是他立根于国土、不断迸发的爱国情怀。我们如何接过前辈手中的重担是一个很重要的问题。爱国是研究路上的一盏指明灯，唯有坚定爱国信念，才不会在研究过程中走弯路、走岔路。今日之中国已经为我们提供了一个和平和谐又相对自由的舞台，我们这些“后浪”更应该抓住机遇，向前辈学习，将他们的精神传承下去，不断开拓我国在科学技术领域的新天地。海洋领域的学子们更应有担当，以天下为己任，把握好当下，为实现海洋强国梦、实现中华民族伟大复兴中国梦贡献自己的一份力量！

附：谈对我国近代科学发展的认识感受

我之所以列举我们国家近代科学家的例子，是因为我曾看过一篇文章，一位外国学者评论说：中国近代在科学技术方面对世界所做的贡献相较于西方国家是甚微的。中国曾是世界四大文明古国之一，中国古代有不少影响深远的科学著作，也有灿如群星的科学家，更有对世界文明做出过巨大贡献的“四大发明”。中国古代科技一直走在世界的前列，可为何近代科技诞生在欧洲？一些改变人类进程的重大发现（如电、磁等）都是由西方国家完成的？甚至还说中国的“四大发明”造纸术、指南针、火药、印刷术虽然其价值是不可否定的，但要从客观的角度评判，只能说这是中国古代老百姓根据生活经验所发明创造的，其对人类发展进程的影响力没有那么大，不像蒸汽机、电磁效应等发明发现，是能推动人类发展到一个新元纪的。

试来分析一下，纵观我国历史，制约科学技术发展的因素主要有四个方面：一是政治方面，封建专制制度严重束缚了科技发展；二是经济方面，落后的生产关系阻碍着科技的发展;三是文化教育方面,封建教育阻滞科技的发展;四是社会价值观导向方面,功利主义的传统价值观制约着中国近代科技发展。虽然科技的发展离不开相关制度与文化教育等,但还有更为重要的一点,那就是热爱探索之心、思考之心(朱元鼎先生就是一个例子)。

三、海洋生物学家·童第周

近现代海洋生物学研究奠基人童第周的故事

(讲述人:2019级海洋环境专业　魏正国)

我要讲述的是中国海洋科学研究奠基人童第周先生的故事。

童第周(1902～1979),浙江鄞县(今宁波市鄞州区)人。生物学家,教育家,实验胚胎学家,中国实验胚胎学的主要创始人,中国海洋科学研究的奠基人,生物科学研究的杰出领导者,开创了中国克隆技术之先河,被誉为"中国克隆之父"。

1905年,中国处于新旧交替动荡不安的时期,孙中山先生曾对年轻人表达"惟愿诸君将振兴中国之责任,置之于自身之肩上"的殷殷期望。童第周便出生在这个动荡年代。国家的积贫积弱深深触动了他的内心,他自小便立志要为振兴中国做出贡献。然而,由于幼年丧父,家境清贫,他只能靠兄辈抚养。1918年,他考入浙江省立第四师范学校,学习勤奋,成绩优良。他为自己确立了更高的目标——考上效实中学,该校是当时宁波第一流的学校。效实中学对英语要求很高,十分重视数理基础,而这几门课恰恰是童第周的薄弱环节。而且,他从未学过英语。自从确立了考上效实中学的目标后,童第周更加用功了。他开始自学英语,常常学到深夜。哥哥被童第周的决心感动,答应供他上学,还请在宁波的朋友为弟弟打听效实中学的招生情况。哥哥的朋友从宁波给童第周带来了不利的消息:效实中学这次不招一年级新生,只招到三年级插班的优等生。哥哥想:就童第周的基础来说,本来考一年级就已经很费劲了,现在只招三年级插班生,这可怎么办呢?哥哥犹豫不决,与童第周商量。听到这个消息后,童第周仍不改初衷,他一定要进效实中学,于是他决定去考插班生。靠着"水滴石穿”的精神,铁杵也能磨成针。童第周考取了效实中学三年级,只不过成绩是倒数第一。一年以后,童第周从倒数第一变为正数第一,几何成绩从入学时的不及格变为一年后的满分。童第周的成绩引起了全校轰动,他的老师也十分欣赏这个刻苦努力的孩子,而这次“逆袭”也让童第周深受鼓舞。这时他明白,只要努力没有什么是做不到的,再优秀的天才,也离不开后天的勤奋与努力。

之后,童第周靠着自己的努力与天分,在学校高三的考试中,每次都是第一名。如此优秀的他原本可以在毕业后直升上海圣约翰大学,但在毕业时他收到大哥生病的消息。因为感念大哥多年来对自己学业的支持,他放弃了继续上学的机会,返回老家开始帮助大哥打理家业。在家中童第周依旧没有放弃学习,一年后他尝试参加北京大学和东南大学的考试,但都没有通过。在大哥身体好转之后,童第周只身一人来到了上海,在复旦大学做了一名旁听生。后来,他顺利考入复旦大学哲学系,毕业后遇到了人生的伯乐——中央大学生物系主任蔡堡。在蔡堡的推荐下,童第周成为国立中央大学的一名生物助教。在担任助教的过程中,童第周在生物方面的天赋逐渐展现。

为了能够学到更先进的理论与技术,年轻的童第周决定出国深造,以便更好回报祖国。在离开祖国时,童第周便在心中暗下决心:一定要让世界看得起中国!1930年,童第周远渡重洋到比利时比京大学留学,开始了胚胎学的研究。求学的日子并不十分顺利,他发现有的外国留学生对中国人抱有一种藐视的态度,说“中国人是弱国的国民”。和他同住的洋人学生公开说:“中国人太笨。”童第周憋着一股气,在日记中写下誓言:“中国人不是笨人,应该拿出东西来,为我们的民族争光!”

在一次实验中,童第周的老师和同学正在为如何剥离蛙卵子外的薄膜而苦恼。见此情景,童第周在显微镜下用针刺了一下卵子的外膜,顺利将薄膜剥离。他的举动引起了导师达克(Darke)教授的注意,达克教授十分欣赏这个极具生物天赋的中国学生。在达克教授的指导下,童第周在生物学研究领域得到了很大提升。后来达克教授还带着他来到著名的科研中心法国海滨实验室,童第周因为顺利剥离直径不到十分之一毫米的海鞘卵子外膜而一举成名,证明了中国人在生物研究方面的能力。

在当时那个中国人备受歧视的年代,童第周通过自己的天赋和努力证明了中国人不比外国人笨,当他最后取得博士学位的时候,已经是一个非常有名的实验胚胎学家了。达克教授曾劝说他:“你的国家这么困难,在这里我可以给你申请特别博士。”童第周却说：“不，我要回去，我是中国人！”在童第周看来，“要搞工作，应该回祖国去搞；有成绩，为什么要给别的国家？”就这样，童第周放弃了布鲁塞尔优越的生活和科研条件，毅然回到了祖国。回国后没多久，日本便发动了大规模侵华战争，童第周便跟随国立山东大学南迁。在艰苦的环境中，童第周一边支持爱国运动，一边与夫人叶毓芬进行生物研究。后来，耶鲁大学多次以高薪体面的工作来挽留童第周，但都被他坚决拒绝。

1950年，在要人才没人才、要设备没设备等非常艰难的条件下，以童第周为首的筹备组仅仅用了四五个月，就成功组建了中国科学院水生生物研究所青岛海洋生物研究室，这是新中国第一个海洋科学研究机构，童第周任室主任。当时童第周的主要研究课题是文昌鱼的胚胎发育。由于文昌鱼的卵子难以获得，并且体积很小，国际上利用实验方法对此进行研究者寥寥无几。童第周便和同事们以锲而不舍的精神向这个课题发起挑战。文昌鱼每天傍晚产卵，从晚上六七点开始，童第周就和妻子带着一批学生开始实验，直到第二天凌晨两三点。每天，学生们赶到实验室看到的第一个人永远是童第周，他端坐在显微镜前，似乎和这些仪器一样成为实验室不可缺少的一部分。当夜色深沉一连坐了几个小时的学生们感到疲累、困顿时，他们抬头依稀可见童第周端然凝坐的瘦小身影，顿时精神振作，困意全无。童第周多次和学生说：“我们的事业，需要的是手，而不是嘴。”

从1958年开始，童第周陆续发表了一系列有关文昌鱼的研究成果，成为国际最权威的文昌鱼研究专家，并开创了异种核移植的先河。随着现代生物学的发展，童第周的鱼卵核移植研究和显微注射技术有了新的发展和应用，将培养30多天的成熟银鲫的肾细胞核进行连续核移植，获得一尾性成熟的成鱼，这是世界上第一例成功的脊椎动物体细胞克隆。

1979年3月6日，参加浙江科学大会的人们都不会忘记这个日子。这天，著名生物学家童第周上台发表演讲，他说要用生物技术改善人类生活，他描绘的灿烂前景让每一个人都心驰神往。突然，兴致勃勃的童第周一下晕倒在座位上。他的心脏病发作了，人们慌忙把他扶下去。10分钟后，童第周坚持走上讲台做完报告，这也成为他人生中最后一场报告。缓缓走下讲台的童第周疲惫不堪，最终他还是拒绝了住院治疗，迅速赶回北京。他说：“已经到了春暖花开鱼产卵的季节，我要回去安排工作。”谁也没有想到，回到北京的童第周病情迅速恶化，被紧急送往医院，20多天后去世。

童第周为祖国科学事业的振兴实践了自己的誓言:"愿效老牛,为国捐躯!"先生的一生一直践行着自己的誓言,为国捐躯,从青年到中年再到老年,一直都在为祖国海洋生物的发展以及祖国的富强做贡献。他面对困难不断努力的精神以及面对外国人对中国人的蔑视用自己的行为有力回击的自信深深地感染了我。他对文昌鱼的研究极大地促进了文昌鱼的繁育,提升了国内克隆技术的水平和国际学术地位。童第周拒绝高薪舒适的工作,坚持要在祖国大地上搞科研,燃尽生命推动祖国生物学的发展。40多年过去了,童第周先生的雕像依旧立于宁波高教园区院士雕塑园,他的故事被后人传唱,经久不衰。

童第周先生几十年如一日,忘我地战斗在科研工作第一线,他不以"大科学家"自居,经常亲自动手做实验、看结果、写论文,事必躬亲,为广大科研人员做出了榜样,受到广大科技工作者的爱戴和敬重。童第周鞠躬尽瘁,把一生都无私地奉献给了祖国的生物科学和海洋事业,真正实践了他"有生之年,为国家、为人民多做工作"的入党誓言。先生无论是从事教育还是从事科研工作,都以非凡的努力培养了一批知名科学家,为发展中国的科学事业做出了建树。现在,童第周先生的学生以及学生的学生,遍布国内外。

同时,我也看到他对人才、对教学的执着与坚持,他深知人才的重要性,加强对人才的培养与发展正是实现海洋强国战略有力举措。因此,我们要注重培养具有海洋意识和创新精神的应用型人才,以人才培养目标为起点,在人才培养标准、课程设置、实践安排、教学质量评估等方面进行改革,提高海洋人才培养质量。要构建海洋意识教育体系,加强学生海洋战略意识、海洋安全意识、海洋历史文化意识、海洋生态资源意识、海洋科技意识、海洋法治意识等方面的教育,让学生学海、知海、爱海。作为新一代海洋人,我们要继承先生遗志,坚持为祖国的海洋强国战略做出贡献。科研只有立足于自己的祖国才是有意义的。

附:细说童第周先生的海洋科学研究及成果

童第周在国内真正的海洋生物研究是从青岛开启的。1934年,童第周离开条件优越的欧洲,辗转回到祖国怀抱,在国立山东大学校长赵太侔的邀请下和妻子一起来校任教,这是童第周第一次来青岛。1935年,童第周在青岛太平角和沙子口发现了文昌鱼,它是介于脊椎动物和无脊椎动物之间的动物门类,是动物进化史上的活化石。1936年,他成功培养出双头蝌蚪,成果发表后引起轰动。同时,童第周继续在比利时的海鞘早期发育研究。这一切奠定了我国胚胎学的研究地位。青岛的山海留下了童第周带着助手和学生进行观察与采集实验标本的踪迹。童第周是第一批来国立山东大学任教的教授,恢复和创建了动物系,任系主任,并与曾呈奎一起创办了山东大学海洋研究所。

新中国成立,童第周更加有动力,他一方面忙着组织教学工作,另一方面继续科研工作。童第周倡议为青岛建立一个重要的国家海洋研究机构——中国科学院海洋研究所。在此基础上,1949年10月26日,童第周和曾呈奎联名给中国科学院筹建人员陶孟和、竺可桢写信,提出建立海洋生物研究所的建议。在他们的努力下,1950年8月,新中国第一个海洋机构中国科学院水生生物研究所青岛海洋生物研究室在莱阳路28号成立,童第周为主任,曾呈奎、张玺为副主任。1955年,童第周当选为中国科学院学部委员兼任中国科学院水生生物研究所所长。从此这个与海连接的城市,终于有了专业研究机构,并吸引了大量人才。

长期以来,童第周一直从事发育生物学研究。早年,他在脊椎鱼类、鱼类和两栖动物的卵子发育能力研究方面有过独特的发现。从20世纪50年代开始,他又特别研究了在生物进化中占重要地位的文昌鱼的卵子发育规律,为国际上提供了系统的重要文献。晚年,他又和美国坦普恩大学牛满江教授等一起,在生物性状遗传中的细胞核和细胞质相互关系的研究方面取得了创造性的成绩。同时,他还在防治海洋有害生物、人工养殖经济水产动物、开拓培育经济鱼类新品种等方面做出了很大的贡献。

童第周是中国实验胚胎学的创始人之一。1930~1934年,童第周在比利时比京大学布拉舍实验室,在对棕蛙卵子受精面与对称面的关系的研究中证明了对称面不完全决定于受精面,而决定于卵子内部的两侧对称结构状态。在对海鞘早期发育的研究中,他证明了受精卵子中已经存在器官形成物质,而且有了一定的分布,精子的进入对此没有决定性的影响。同时,他观察到内胚层和外胚层似乎有相当的等能性,而且吸附乳头和感觉细胞的形成依赖于外来因素,证明了卵质对个体发育的重要性,这项研究成果具有开创性。

在动荡的日子里,童第周在经典胚胎学基础理论研究上取得了重大突破,引起了国际瞩目。童第周与他的合作者揭示了胚胎发育的极性现象。他们在两栖类胚胎发育的研究中,发现纤毛运动方向的决定时间在原肠期和神经板初期,证明了外胚层纤毛运动的方向取决于中胚层和内胚层,而且这种感应能力在个体发育中是沿着胚胎的前后轴从头到尾逐渐减弱的,指出了胚胎发育的极性现象。他们还证明这种感应能力是由一种未知的化学物质引起的，这种化学物质通过细胞间的渗透作用诱导了胚胎纤毛的运动方向。

童第周与牛满江合作，探讨鲫鱼和鲤鱼的信息核糖核酸对金鱼尾鳍的影响。结果证明，这种核糖核酸能诱导金鱼尾鳍由双尾变成单尾等，开拓了发育生物学和分子遗传学中一个非常值得进一步探索的研究领域。春天是金鱼繁殖的季节，为了探索生物遗传性状的奥秘，年过花甲的童第周开始了新的探索。他选择了金鱼和鲫鱼作为他的实验材料。实验室里，童第周坐在实验台前，助手们紧张地忙碌着，做着实验前的准备。一场紧张的战斗就要打响，一切都在有条不紊地进行着。童第周想通过核酸诱导的实验来验证他自己在科学研究上的设想。金鱼排卵了，排出的受精卵比芝麻还小。童第周将这些提纯过的鲫鱼卵的核酸注入金鱼受精卵的细胞质内。他想看看鲫鱼卵的核酸对金鱼的受精卵是否有影响，看看由这种金鱼受精卵长大而成的金鱼的性状是否会发生变化。不久，这些由动过“手术”的受精卵产生的金鱼慢慢长大，在发育成长的320条幼鱼中，有106条由双尾变成了单尾，呈现出鲫鱼的尾鳍性状。这说明从鲫鱼卵中提取的核酸对金鱼的遗传性状起着显著的作用，也说明并不只是细胞核控制生物的遗传性状，细胞质也起着非常重要的作用。实验的成功，证实了童第周的设想。后来，童第周还采用了亲缘关系更远一些的种类来做类似的实验，也获得了成功，从而更有力地证实了他的设想。后来国际生物学界用培育者的名字命名了这条鱼——“童鱼”。

文昌鱼是脊椎动物的祖先，在生物进化中占有重要地位。童第周领导的研究小组首先在青岛解决了文昌鱼的饲养、产卵和人工授精的技术，为系统研究文昌鱼的胚胎发育奠定了基础，并利用显微技术对文昌鱼胚胎发育机理进行了一系列的研究，对文昌鱼卵的发育能力提出了很重要的修正意见，在国际上受到重视。童第周等所证明的文昌鱼卵的早期发育特点，进一步论证了文昌鱼是介乎无脊椎动物和脊椎动物之间的过渡类型。这方面工作也成了他后期关于核质关系研究的论据。

童第周对鱼类的胚胎发育能力和细胞遗传的研究也做出了卓越的贡献。他在20世纪40年代开始的实验就证明了在金鱼的卵子中含有一种有关个体形成的物质，它在发育的早期由植物极性逐步流向动物极性，是形成完整胚胎不可缺少的物质基础。他在这方面的论文是鱼类实验胚胎学方面的重要历史文献。在研究细胞核与细胞质的关系时，他发现不仅细胞核能够决定细胞质发育方向，而且细胞质也能够决定细胞核的命运，细胞核与细胞质之间不是彼此完全孤立的，而是有着非常密切的关系，在构造上它们可以互相沟通，在功能上它们可以互相诱发和抑制，这便是核质关系理论。

童第周关于海鞘的研究主要是在20世纪50年代前进行的。他的研究证明了海鞘胚胎发育中有些组织器官是具有可塑性的，纠正了过去一些学者认为其发育属于严格镶嵌型的观点。从20世纪40年代至50年代初，他在鱼类早期发育的实验研究中，还证明了鱼卵受精后原生质向动物极流动，其组织中心在受精后不久就建立起来。这一现象，可能在脊椎动物的发育中具有普遍意义。在这期间，他在两栖类胚胎纤毛运动的研究中断定纤毛运动方向对中胚层组织具有依赖性，后者可能通过化学物质产生影响，由此他探讨了胚胎组织的极性。20世纪70年代以后，童第周开始注意用生物化学的方法研究核质关系。他与合作者还研究了核酸对金鱼性状的诱变作用，取得了很多成果，并发表了论文。他的科研工作始终贯穿着一条线索，那就是从卵子在受精前后的结构到细胞质与细胞核在发育中的相互关系，进而探讨细胞质在性状遗传中的作用。

20世纪60年代初，童第周应用细胞核移植技术，把金鱼的细胞核移植到去细胞核的角皮鱼卵内，发现移核后幼鱼的早期性状似乎是细胞质的。他把鲤鱼细胞核移植到去细胞核的鲫鱼受精卵内，发现卵发育到成体后有些性状介于两种鱼之间。这两种情况都显示了卵的细胞质对性状形成的影响，他还发现金鱼的细胞核移植到角皮鱼卵子中，发育到一定时期再移回金鱼受精卵，有时呈现出角皮鱼和金鱼杂交胚胎的性状，很可能金鱼细胞核在角皮鱼细胞质中短暂停留，也会受到某种影响。他曾设想通过移植细胞核进行育种：把两种不能杂交的鱼的优点结合起来，并使之遗传下去。他的研究，为动物育种提出了一个新的、可能的途径。

四、物理海洋学家·毛汉礼

现代物理海洋学奠基人毛汉礼的故事

（讲述人：2019级物理海洋专业　宋瀚飞　潘岩　陈浩）

毛汉礼是中国海洋科学的主要奠基人，是一位为中国海洋科学振兴做出不可磨灭贡献的海洋科学家。初看毛汉礼的照片，我们很难想象这么朴实无华、平平无奇的老人对中国海洋科学做出了这么巨大的贡献，他将自己的一生都献给了中国海洋科学。

1919年，对中国来说是特别的一年：五四运动爆发，马克思主义思想从西方传入中国……同年，毛汉礼出生在浙江诸暨，从此开始了他与祖国跌宕起伏的命运紧密相连的一生。

作为一个刻苦求学的学生，毛汉礼有着迎难而上、锲而不舍、奋斗不息的精神。

1919年1月25日，毛汉礼出生于浙江省诸暨县枫桥镇毛家园村的一个农民家庭。幼年家境贫寒，全家积极耕耘方得温饱，更无力供养子女接受中等、高等教育。毛汉礼自幼随家人下地劳动，10岁那年，村里办起了第一所小学，毛汉礼成了第一批学生。毛汉礼成绩优异，就读一年便考取了县里的正式高小，之后又以高分考取了金华高中。当时的中国时局震荡，毛汉礼的求学之路也因此历经波折。1931年，九一八事变爆发，正常的教学无法进行，毛汉礼不得不回到乡下，但是依旧坚持学习。1938年，他终于靠奖学金以优异成绩完成正规的高中学业，并于当年考取了国立浙江大学史地系。但由于无力支付学费，不得不申请暂时保留学籍一年。这时正值日本帝国主义侵华时期，浙江省大部分国土沦为敌占区，国立浙江大学被迫内迁广西，毛汉礼家境贫寒，无力支付路费和学费。为了筹集费用，他应招到浙江省财政厅在县城办的一个短期训练班做零活，担水、扫地、劈柴……终于凑足了费用。1938年，日本飞机轰炸了野山，国立浙江大学被迫内迁贵州遵义，毛汉礼所带钱财早已所剩无几。无奈之下，他白天赶路，夜宿街头、荒郊或土地庙，经过一个月的跋涉，终于如期赶到遵义，入读国立浙江大学。1946年，国民政府教育厅决定招考部分公费留学生，前往国外学习，毛汉礼报名应考。根据毛汉礼在国立浙江大学所学专业，可报考地理、气象两个方向，但他注意到报考海洋方向的人寥寥无几。历史的教训犹在眼前，中国应该有自己强大的海防，中国应该有自己发达的海洋事业！毛汉礼决定报考物理海洋学。1947年，毛汉礼考取并被批准到美国加州大学斯克利普斯海洋研究所学习物理海洋学。他刚开始博士阶段的学习，由于国民政府军队接连失败，国民政府教育厅中断了中国留学生的学习费用供给。毛汉礼并不想放弃学业“空手”回国，他选择去餐馆打工，靠微薄的收入维持学业，艰苦的海外求学生活非但没有打倒他，反而磨炼了他的意志，最终经过4年的刻苦攻读，毛汉礼先后取得了硕士和博士学位。

1951年8月获得博士学位后，得知新中国成立后急需人才，毛汉礼便申请回国。但当时由于中美在朝鲜交战，美国政府颁布禁令：凡在美国的中国科学工作者，一律不能回国。为了回归祖国，毛汉礼毅然请律师同美国政府打起了官司，这官司一打便是三年，直到日内瓦会议上美国解除禁令，毛汉礼才同钱学森等人一起回到祖国的怀抱，为我国的建设做出了巨大贡献。

归国之初，毛汉礼35岁，当时正值我国大力发展科学事业。毛汉礼十分珍惜党和政府赋予他的“用武之地”，尽心尽力为发展我国海洋科学事业献计献策。1956年，他参加了由周恩来总理亲自领导的《1956～1967年科学技术发展远景规划》海洋学部分的制定工作。规划制定之初，我国许多海洋机构尚未建立，执行这一规划的条件尚不具备，他便积极争取领导支持，努力创造条件，尽心竭力。

毛汉礼从事海洋科研工作具有丰富的实践经验和雄厚的理论基础。他在留美期间与日本海洋学家吉田耕造合作研究上升流，取得了引人注目的成果。毛汉礼所在的中国科学院海洋生物研究所，扩建为海洋研究所时调整了科研组织，将原来由他领导的海洋环境研究室的海洋化学、海洋地质地貌和情报资料3个组划出去独立建室(后来又将仪器组也划出去独立建室)，将其余部分建成物理海洋学研究室，下设水团、海流和混合三个实验室，他率领管秉贤、任允武等开展“黄东海环流(海流与水团)”中心课题的调查研究。为了做好这一中心课题，他们一方面安排目标明确的深入调查，另一方面尽量搜集外国同期调查资料以弥补中国资料调查范围的不足。经过三四年的调查研究，获得了许多具有开创性意义的成果：他与管秉贤合作的关于黄海、东海海流系统的论文发表，这是第一次由中国人描绘的整个黄东海的冬夏两季海流系统模式图；他和任允武等发表的论文，首次应用大面积同期资料详细阐述了冬夏两季黄海、东海的水文特征与水团分布，并第一次应用T-S多边形混合百分比法定量分析了黄东海的水团，说明了各水团之间的混合关系。在该论文发表以前，虽然斯维尔德鲁普(Sverdrup)、索迪(Soddy)等海洋学大家曾对上升流问题进行过不少研究，但他们的工作基本上是定性的、直观的描述，并没有进行过理论性的研究。毛汉礼和吉田耕造先生的文章，从简单的涡动方程出发，通过量纲分析和巧妙的运算，得出了上升流与风应力涡度的简明关系。这篇文章第一次提出了有关上升流的理论模式。以后建立的各种上升流理论，绝大部分都是根据这一理论模式加以推广和发展的。他们的研究课题获得了很有价值的成果，主要有：他和任允武、万国铭等率先分析了黄海、东海水文要素的时空分布与变化，最早提出了水团划分意见，并应用T-S关系定量分析了各水团之间的混合关系；他和管秉贤最早提出了黄海、东海环流系统模式；他和甘子钧、沈鸿书、蓝淑芳等率先进行了河口海洋学研究，分析了长江冲淡水的扩展范围与季节变化，提出了杭州湾潮混合的上界和混合椭圆，论述了长江口和杭州湾冲淡水混合扩散过程，以及这一过程对中国近海水文特征的影响。这些具有开拓性的成果为中国物理海洋学的形成与发展奠定了基础。

毛汉礼作为我国重要的物理海洋学家，在海洋科技创新领域做出的重要成就还包括：1955～1956年，他与海洋所研究员张孝威共同领导了我国首次开展的“烟威外海鲐鱼渔场海洋学调查”研究，并讨论将“紧密结合生产建设，从海洋调查入手，逐步深入提高”作为发展我国海洋科学事业的战略方针。1956年，他参加了由周恩来总理亲自领导的《1956～1967年科学技术发展远景规划》海洋学部分的制定工作，为了完成《1956～1967年科学技术发展远景规划》的任务，毛汉礼领导并见证了中国海洋科学事业发展的多个“第一次”。1957年6月，上海中华造船厂改装了我国第一艘海洋综合调查船——“金星”号。1957年，毛汉礼领导开展了我国第一次大型综合海洋考察——渤海及北黄海西部综合调查，并亲自搭载“金星”号带队出海负责第一个航次调查；其后，他又主编并撰写了我国第一部海洋综合调查报告——《渤海及北黄海西部综合调查报告》。同年，毛汉礼同日本著名海洋学家吉田耕造合作，发表了论文《一个大水平尺度的上升流理论》，这篇论文被同行公认为上升流研究的经典文章之一。1958～1960年，我国执行《1956～1967年科学技术发展远景规划》中规定的任务——中国海洋综合调查及其资料与图集的编辑(简称“全国海洋普查”)，这是我国海洋科学发展史上的一个里程碑。调查实施期间，毛汉礼离开家，足迹遍及中国沿海，主编出版了逾百万字的海洋科学名著《全国海洋综合调查报告》。这本著作对后来进入海洋领域的人产生了深远的影响，1958～1960年是中国海洋调查史上最辉煌的时期之一，毛汉礼功不可没。1961～1964年，毛汉礼领导中国科学院海洋研究所物理海洋学研究室，成立了水团、海流和混合3个实验室，开展了渤海、黄海、东海水团、环流、黑潮、长江口和杭州湾潮混合及其海洋温度预报方法研究工作。之后为编写中国的海港技术规范，毛汉礼翻译了大量书稿。1978～1983年，他领导进行了东海大陆架及冲绳海槽海洋学研究中心的物理海洋学工作。随后又领导了黄海、东海环流及海气相互作用研究工作，海洋石油开发与研究和海洋污染防治研究中的物理海洋学工作。

除了自身的科研成就外，毛汉礼还注重科研人才培养。他认为，发现和培养科研工作中的“将才”和“帅才”是科研工作的头等大事。他常讲，没有一个能打硬仗的科学集体，是不能进行科学攻关的，是不能达到科学的最高峰的。回国之初，鉴于当时多数年轻人英文水平较差，为了让大家借鉴西方经验，毛汉礼在其夫人范宜君的帮助下，短期内翻译了约200万字的经典著作，这些译作对培养中国海洋科学人才起了很大的作用。1956年，在我国开展大规模海洋调查之前，毛汉礼领导开办了一期相当于大专水平的培训班。1960～1963年，中国科学院为满足科技飞速发展对科技人员的需要，决定采取加快培养的方法，培养紧缺人才。毛汉礼又承担了海洋学领域的任务，从全国理工科大学三年级学生中招收了40名学员，定向培养，开办了一届物理海洋专业大学本科培训班，这些人后来被分配到全国各海洋科研机构，大部分成为科研与管理中坚力量。为了培养高层次科研人才，1961年毛汉礼开始招收研究生，到20世纪80年代，他累计培养了近20名硕士、博士研究生，这些人在中国物理海洋学事业中发挥着重要作用。他培养人才的特点是从国家急需人才的大局出发，因地制宜，不拘一格。

毛汉礼一生坚持不懈、爱国、无私奉献的精神值得我们学习和弘扬，同时我们也看到，要实现海洋强国就要培养更多的海洋科学人才。我们作为海洋专业的大学生，要注重科学精神培养，胸怀为国奉献精神，为祖国发展做出自己应有的贡献。

五、物理海洋学家·文圣常

当代物理海洋学奠基人文圣常的故事

（讲述人：2019级海洋科学专业　沈绿枝　颜益章　沈振阳　李长松）

海洋是生命摇篮、资源宝库、交通命脉、战略要地，一个国家的兴盛与海洋事业密不可分，实现中华民族伟大复兴必然要建设海洋强国。在建设海洋强国的道路上，能不断攻克海洋领域难关的科学家是不可或缺的，他们的科研成就与科学家精神将带领我们走向未来。我们要讲的是文圣常院士的故事，文圣常院士是我国物理海洋学科的奠基人之一、海浪研究领域的开拓者。

文圣常院士主要从事海浪理论及应用研究，被国内外海洋界公认为著名的物理海洋学家、中国海浪科学的开拓者。多年来，他在普遍风浪谱、涌浪谱、海浪预报方法、理论风浪谱、新型海浪数值预报模式的研究上取得了卓越成就，推动中国海洋事业不断占领世界物理海洋学前沿阵地。

文圣常院士早年家境贫寒，但他爱国信念坚定，心无旁骛读书，立志成才报国，1946年在赴美进修的航船上他萌生了研究海浪的想法，从此开启了矢志蔚蓝、浩海求索的科技创新之路。

20世纪50年代初，文圣常主要从事海浪谱的研究工作；50年代末，提出了普遍风浪谱和涌浪谱，开辟了研究的新路径。海浪谱是海洋学基础理论及工程、运输、国防等领域的核心问题，是国际上一直极为活跃的研究领域。当时，国内尚未开展海浪研究，国际上虽然有两种盛行的方法研究海浪，但往往只限于海浪在充分成长的状态下的海浪频谱的内容，没有考虑海浪在成长过程中的谱型形式。在这种国际背景下，文圣常通过研究写成《普遍风浪谱及其应用》的论文，从能量平衡的观点出发，导出了可用于描述风浪成长全过程的普遍风浪谱。在涌浪研究中，文圣常写成《涌浪谱》的论文。该论文基于涡动和绕射作用，提出了涌浪谱的计算方法，还考虑到台风区是圆形的特点，提出了相应的计算方法。这两篇论文具有很高的学术价值，不仅刊发在《中国科学》杂志英文版，而且被译成俄文，在20世纪60年代初期著名海洋学家克雷洛夫(Krylov)编著的《海浪》论文集中全文刊出，并当即被国外权威人士编入海浪研究国际进展总结，促进了世界海洋研究的发展。

20世纪60年代中期，文圣常主要从事海浪预报方法研究工作。如果说文圣常的前期工作是偏重于海浪的基础理论研究，那么在1965～1966年则主要侧重于海浪理论的社会应用，他将海浪中能量和谱结合起来付诸实际应用，主持和领导了国家科学技术委员会海洋组海浪预报方法研究组的技术工作。由于充分考虑了我国海域的特点，该研究组提出的海浪计算方法在国内得到广泛应用。

20世纪70年代后期，该组的研究成果被列入中华人民共和国交通部《港口工程技术规范》第二篇(水文)第一册《海港水文》中，从而结束了长期以来我国在有关规范中依赖苏联和美国的状况。1985年，该成果获国家科学技术进步奖二等奖。

20世纪80年代末，文圣常继续从事理论风浪谱的研究，使风浪谱的理论更臻完善。尽管文圣常在50年代末已提出了相当有特色的风浪谱理论，但直到80年代国际上所采用的谱依然是通过观测和经验得到的。文圣常在谱形中引入了另一个参量即尖度因子，推导出了理论形式的风浪频谱。这种频谱既适用于深海，也可应用于浅水。与国际上已提出的各种谱相比，文圣常所提出的风浪谱能够对风浪随风速、风时、风区、水域的变化进行较系统的描述，还可以利用有效的参量描述谱形，便于应用。这一创造性的理论研究已在海洋水文环境和海浪预报方法中得到应用。风浪频谱是国际海浪谱形研究上的一个重大突破，引起了国际同行的高度重视和极大兴趣，国际上被称为“文氏谱”。

20世纪90年代初，古稀之年的文圣常又承担了国家重大科技攻关项目中的海浪数值预报方法研究工作。该研究针对国际海洋界盛行的第三代模型中源函数和突出的经验性以及波波非线性作用计算费时的缺点，探索出了一种更有效、更实用的混合型海浪数值预报模式。该模式不仅能使数值预报的精度得到基本保证，而且简化了计算，克服了计算上费时的缺点。由于适合中国国情，该预报模式不仅被国家有关预报部门使用，而且与苏联有关海洋研究所合作在远东海域推广应用，被称作“东方思想体系”。

20世纪最后十年，联合国教科文组织提出了“国际减灾十年”的号召，这正契合了文圣常长期以来从中国海洋事业的实情出发研究海洋灾害、造福人类的想法。尽管年逾古稀，但他义不容辞地承担起了相关重要课题研究，并亲自主持灾害性海浪客观分析、四维同化和数值预报产品的研制工作。其成果现已在国家海洋环境预报中心应用于台风浪预报，在防灾减灾中取得了重大的社会效益和经济效益。20世纪90年代中后期，他又承担起近岸带灾害性动力环境的数值模拟和优化评估技术研究，并亲自参与相关子课题，提出了新的谱方法，该谱在结构的可靠性、模式性能覆盖范围、改进的可行性、所需计算时间等方面都优于当前世界上盛行的第三代海浪模式。

除了课题研究，文圣常还撰写了大量的论文和专著。其中，1962年出版的《海浪原理》是国内外出版的第一部海浪理论专著，成为国际五大海浪巨著之一，而美国唯一同类型专著则出版于1964年。1984年出版的《海浪理论与计算原理》也在促进我国海浪研究、培养海洋科学人才和国民经济建设中发挥了相当重要的作用。如果说《海浪原理》一书的出版是中国物理海洋学诞生的重要标志和中国海浪研究趋于成熟的里程碑的话，那么1984年出版的《海浪理论与计算原理》就是中国物理海洋学走向世界，具有中国特色的物理海洋学进入一个崭新时期的又一个里程碑。该书系统地介绍了截至20世纪80年代初国际上的海浪研究成果，500余篇文献中近400篇是70年代以后发表的。该书的出版是我国物理海洋学界的大事，它成为广为引用的一部专著，在促进我国海浪研究的发展、培养海洋科技人才和满足有关应用的需要等方面发挥了相当重要的作用，英、美、日、苏等国一些著名物理海洋学家均对该书给予了高度评价。

文圣常院士自20世纪50年代接触海洋科学以来，几十年间鞠躬尽瘁，不仅攻克了国际上的难题，而且在我国海洋科学史上留下了厚重的一笔，既对当时的海洋学说产生了巨大影响，又对后代海洋海浪学说奠定了重要的基础，全面提高了我国海浪学研究水平。除海浪理论和应用研究外，文圣常院士在海洋教育事业上也做出了卓越贡献。他以坚实的数力学基础和优秀的外语水平，在我国最早开设了高水平的海浪理论课程，填补了我国海洋学高等教育中海浪理论课程的空白。自20世纪50年代初任教山东大学海洋系起，文圣常院士开始讲授过“波浪学”“海浪工程”等课程。他还编著了《海浪学》《液体波动原理》《图解与近似计算》《海洋近岸工程》等一系列具有中国特色的物理海洋学教材。在多年的教学生涯中，他注意言传身教，谆谆教诲学生，时刻以实事求是的态度对待科学，为我国海洋科学界培养了第一名博士。他主持的物理海洋学科被列为全国重点学科，还被批准为博士后流动站。由他领导的物理海洋与海洋气象系、物理海洋研究所已获得重大发展，除海浪外，在物理海洋学科的其他方面，如浅海动力学、风暴潮、水团和水温预报、海洋环境动力学、潮汐和海平面、中小尺度海气相互作用等，都处于国内先进水平。

文圣常院士于20世纪90年代初从事难度更大的方向谱研究，在此项研究中，他以解析方法导出方向谱。他继续致力于改进风浪频谱和方向谱的研究，并着手研制基于新的海浪方向谱的海浪预报全谱模型。该模式理论上可克服第三代模式的部分困难，而且能保证较高预报精度。文圣常院士虽年事已高，但每天仍勤奋地工作10多个小时。他的这种探索海洋的执着精神已然形成一种传统、一种力量，并且正在一代代地延续下去，成为年轻人学习的榜样。正如管华诗院士所说：“文先生是集科学精神与人文精神于一身的完美结合者。”

文圣常院士将一生全部奉献给了国家及人类事业。文圣常院士自投身海洋科技事业那刻起就不曾松懈。他能够打破传统方式的禁锢，在已有的模式中探索出更适合也更为先进的中国海浪解析模式，这与他坚定不移走自主创新道路密不可分。在新时代海洋强国战略的召唤下，文圣常院士作为先驱，指引着我们前行，是我们的榜样，我们追随着他的脚步，投身我国海洋、海浪理论研究。同时，文圣常院士留下的计算方法、书籍、理论也成了我们勇往直前的利刃，我们在巨人的肩膀上继续前行，继承文圣常院士的意志，海洋强国战略必然会在我们这一代人手中实现。

文圣常集科学与人文精神于一身，他不只是在科研方面有所建树，还多次慷慨捐赠、爱心助学。2000年，他把获得的何梁何利基金科学与技术进步奖的10万元港币捐赠给中国海洋大学，设立文苑奖学，用于奖励品学兼优、具有创新精神和实践能力的优秀学生，另外10万元港币捐赠给家乡建设了一所海洋希望小学。2009年，文圣常获得青岛市科学技术最高奖，获50万元奖励。他呈书校领导，决定将50万元奖金全部捐赠给学校，其中20万元捐赠给文苑奖学金，30万元捐赠给本科生研究训练。文圣常还有一个要求，就是请学校不要提他个人的名字。

文圣常拥有立德树人、为人师表的品格，退居二线后依然发挥余热、甘于奉献。他说："我一生中一切都是平平淡淡的，我喜欢这种平淡的生活。能为社会做一点力所能及的事，我就很高兴。"在他人眼中，他是国之重器，而在他自己眼中他只是一个尽力为社会做出贡献的普通人。他功高却不自居，德高却不自显。他是一位有贡献而又谦虚的学者。他顾大体、识大局，始终把国家需要和组织安排放在第一位，把个人的研究志向和利益放在第二位。文圣常院士投身海洋科教事业60余年，为国家培养了一大批高层次海洋科研人才，以严谨求实的科学态度和崇德守朴的人格修养影响着一代代学子积极投身国家海洋事业。

作为科研人员，文圣常胸怀祖国，服务人民，勇攀高峰，敢为人先，追求真理；作为学者，文圣常淡泊名利，潜心研究，勤恳敬业，持之以恒，谦虚好学；作为科教人员，文圣常治学严谨，崇德守朴，奖掖后学，甘为人梯。比起他的成就，他留给我们更多的是精神财富。他身上有真正的科学家精神。科学家精神是胸怀祖国、服务人民的爱国精神，勇攀高峰、敢为人先的创新精神，追求真理、严谨治学的求实精神，淡泊名利、潜心研究的奉献精神，集智攻关、团结协作的协同精神，甘为人梯、奖掖后学的育人精神。

通过文圣常院士的故事，我们认为践行海洋强国战略需要海洋人的脚踏实地、对已有理论的思考和创新、对科研的热情。兴趣是最好的老师，即使遇到困难，兴趣也会使我们一直坚持下去。当下海洋科研领域仍有很大潜力，我们要集智攻坚，把目光转向困难的工作，做出更多具有突破性、开创性的理论研究，更好地认识海洋、利用海洋。

文圣常院士是一位有贡献而又谦虚的学者，我们应当学习他的精神与态度。文圣常院士主张科学认识来源于实践，实践是检验科学认识真理性的标准和认识发展的动力；重视将定性分析和定量分析作为科学认识的方法；倡导科学无国界，科学是不断发展的开放体系，不承认终极真理；主张科学的自由探索，在真理面前一律平等，对不同意见采取宽容态度，不迷信权威；提倡怀疑、批判、不断创新进取的精神。

习近平总书记强调："21世纪，人类进入了大规模开发利用海洋的时期。海洋在国家经济发展格局和对外开放中的作用更加重要，在维护国家主权、安全、发展利益中的地位更加突出，在国家生态文明建设中的角色更加显著，在国际政治、经济、军事、科技竞争中的战略地位也明显上升。"[①]我国是一个陆海兼备的发展中大国，建设海洋强国是全面建设社会主义现代化强国的重要组成部分。当前，中国经济已发展成为高度依赖海洋的外向型经济，对海洋资源、空间的依赖程度大幅提高，管辖海域外的海洋权益也需要不断加以维护和拓展，这些都需要通过建设海洋强国加以保障。21世纪是海洋的世纪，海洋事关国家安全和长远发展，世界主要海洋国家将海洋权益视为核心利益，积极推行新一轮海洋经济政策和战略调整。中国是一个拥有473万平方千米海域总面积、1.8万千米大陆海岸线的大国，建设海洋强国、维护海洋权益是发展之要、民生之需，也是中国海洋维权的题中之义。

建设海洋强国战略，探索和认知海洋是开发利用和保护海洋的先决条件。我们要向文圣常院士学习治学严谨、勇攀高峰的科学精神，对海洋进行探索和认知，这样我们才能够全面、准确、深刻地了解海洋，掌握海洋的运动规律。只有全面而深刻地了解了海洋的运动规律，我们才能为建设海洋强国提供坚实的科学依据。掌握海洋运动规律的科学依据必将有利于提高我们在可持续发展的情况下对海洋的利用率。在开发利用海洋资源时，我们既要保证从海洋获得足够多的资源，又要保证海洋生态不被破坏，而能否做到这一点反映了一个国家的海洋开发能力，海洋开发能力的高低也决定了一个国家的海洋实力。

为了实现海洋强国这个目标，我们要向文圣常院士学习，在海洋科学的研究上下苦功夫，实现海洋相关技术的创新与发展，这样才能够提升我们国家的

① 《习近平在中共中央政治局第八次集体学习时强调 进一步关心海洋认识海洋经略海洋 推动海洋强国建设不断取得新成就》，《人民日报》2013年8月1日。

海洋调查评价能力和海洋开发利用水平。如果海洋开发的水平能够得到提高，我国辽阔的海域面积能够得到充分利用，那么我国必将成为世界上首屈一指的海洋强国。除此之外，我们还要从文圣常院士积极投身教育得到启发，不能仅仅着眼于当下，更要展望未来，以可持续发展的眼光考虑海洋强国战略。因此，为了可持续地进行海洋强国建设，我们要像文圣常院士那样深耕科学理论并将其应用于实践，更要像文圣常院士那样全身心投入教育事业。少年强则国强，我们作为海洋专业的大学生，要学习以文圣常院士为代表的老一辈科学家爱国、创新、求实、奉献、协同的精神，勇担时代使命，在海洋强国道路上留下自己的足迹。

总之，海洋强国战略从来都不是个人的任务，而是每一代人的义务。建设海洋强国要大力培养海洋领域创新人才，完善创新机制，积极营造重创新、勇创新、善创新的浓厚氛围，为加快建设海洋强国不断汇聚澎湃新动能。真正优秀的科学家不只是将个人成就留在人类发展史上，更是将一种永不过时的精神与力量传承发展下去，从而引领人们走向强大。因此，我们以“讲好最美海洋科学家故事”为课堂载体，推进海洋科学家精神与思政课程的耦合，使海洋科学家精神与高校思政课堂同频共振，真正引导大学生将海洋科学家精神内化于心、外化于行，激发大学生的爱国之情、强国之志，使大学生成为海洋科学家精神的传承者和践行者，从而更好地投身国家海洋科技创新实践，自觉成长为战略性海洋科技创新人才，在海洋科技强国建设中跑出时代信任的“加速度”，推动我国海洋科技领域关键核心技术取得突破，最终实现海洋强国战略。由此，高校思政课也就真正发挥了“以透彻的学理分析回应学生，以彻底的思想理论说服学生，用真理的强大力量引导学生”的作用。

六、“中国核潜艇之父”·黄旭华

“中国核潜艇之父”黄旭华的故事

（讲述人：2019级海洋环境专业　赖龙云

2019级生物科学专业　赵洲　迟建豪）

世界上有两样东西亘古不变，一是高悬在我们头顶的日月星辰，一是深藏在每个人心底的情怀和信仰。对于黄旭华来说，他的信仰是祖国需要。我们要讲的是“中国核潜艇之父”黄旭华的故事。

1924年，黄旭华出生在广东海丰一个医者家庭，从医是他幼时的梦想。经历过抗日战争的苦难，面对当时落后贫穷的祖国，少年黄旭华开始重新思考：“我不学医了，我要学航空，学造船。将来造飞机保卫祖国蓝天，制造军舰抵御海上侵略。”于是，在海边出生长大的黄旭华在1949年从国立交通大学造船工程系毕业后与核潜艇结下了一生的缘分。

1954年，美国“鹦鹉螺”号核潜艇首次试航。1957年，苏联第一艘核潜艇下水。这种新武器的巨大能量一度超出了人们的想象。当时有一种说法这样描述核潜艇的续航能力：一个高尔夫球大小的铀块燃料可以让潜艇航行6万海里，如果用柴油作燃料，则需近百节火车皮的柴油。对于大国而言，核潜艇是至关重要的国防利器。

1958年，出于国防安全形势需要，中国也启动了研制导弹核潜艇的计划。8月的一天，34岁的黄旭华疾走在首都北京街头。此时，黄旭华是上海船舶工业管理局设计二处潜艇科科长，接通知说北京有工作任务，请他跑一趟。报到那一刻，黄旭华才知道要参与新中国核潜艇研制。

美国、苏联先后有核潜艇下水，为打破帝国主义封锁，中央决定组建造船技术研究室。黄旭华有过仿制苏式常规潜艇的经历，因此被选中。因为核潜艇的研制在任何国家都是高度机密，所以领导提出要严守国家机密，甘当无名英雄，不能泄露工作单位和任务；准备干一辈子，就算犯错误了，也只能留在单位。

为了民族的尊严、国家的富强而奉献！黄旭华热血沸腾，立即决定留在北京。彼时，29人组成的造船技术研究室平均年龄不到30岁。从此，黄旭华跟大家一起隐姓埋名，开始了与妻女长达4年的分居生活。

研究开始不久，苏联宣布撤回援华专家。毛泽东主席下令：“核潜艇一万年也要搞出来。”[①]在位于武汉的中国船舶重工集团公司第七一九研究所办公大楼里，毛泽东主席的誓言刻于墙壁之上。正是这句话，坚定了黄旭华的人生志向。黄旭华回忆说：“那个地方一年刮两次七级大风，一次刮半年。”恶劣的自然条件还不算，没人、没钱、没资料、没技术，最大的困难是大家不知道核潜艇的样子。他和同事们只能“大海捞针”，从国外报刊中搜罗有关核潜艇的只言片语，拼凑

① 毛泽东生平和思想研讨会组织委员会编：《毛泽东百周年纪念：毛泽东生平和思想研讨会论文集》上册，中央文献出版社1994年版，第419页。

出核潜艇的轮廓。

恰好有研究人员从国外带回了两个美国“华盛顿”号核潜艇儿童模型玩具。大家把玩具反复拆装,发现这些密密麻麻的设备和他们一半靠零散资料一半靠想象构思出的图纸基本一样。“我当时就想,核潜艇也没什么大不了的嘛！再尖端的东西,都是在常规技术的基础上综合创新出来的,并不神秘。”黄旭华说。

资料难找,数据计算也是难题——他们只能用算盘和计算尺计算核潜艇上的大量数据。那些必须精确到小数点后两位的部件配重,他们只能靠一台磅秤一个个零件称。为保证计算准确,科研人员分为两到三组分别计算,结果不同就重来,直到得出一致数据。

反复进行了各种试验后,终于建造了一艘25米长的模型小艇,只容一人操纵。模型艇在北海走了一段时间,大家普遍认为,这条艇比常规艇好操作。这让黄旭华信心大增,他毅然敲定了水滴型艇形。这就像部队行军,已经有侦察兵探出一条准确道路,再没有必要去走弯路。

1961年11月,黄旭华被任命为国防部第七研究院〇九技术研究室副总工程师。1962年底,妻子李世英调到北京,一家人终于团聚。1970年12月26日,中国第一艘核潜艇下水。1974年8月1日,中国第一艘核潜艇加入海军战斗序列。至此,中国成为世界上第五个拥有核潜艇的国家!“我们的核潜艇没有一件设备、仪表、原料来自国外,艇体的每一部分都是国产。”黄旭华自豪地说。

1988年,中国第一代核潜艇首次进行深潜试验,那是中国核潜艇发展历程上的“史诗级时刻”——由于北方水浅,中国核潜艇在问世18年后才到南海开始这项试验。有了第一次深潜,中国核潜艇才算走完它研制的全过程。

当时,美国“长尾鲨”号核潜艇深潜试验的失败引起了乘试人员情绪的波动。对参试人员来说,这无疑是巨大的心理考验。黄旭华为了稳定人心,增强参试人员信心、减小压力,做出惊人决定:亲自随核潜艇下潜,亲自参与这次重要而危险的试验。黄旭华说:“我不是充英雄好汉,要跟大家一起去牺牲,而是确保人、艇安全。”

一小时、二小时、三小时,核潜艇不断向极限深度下潜。海水挤压着艇体,舱内不时发出的“咔嗒、咔嗒”的巨大声响,直往参试人员的耳朵里钻。时任深潜队队长的尤庆文回忆当时的情景说:“每一秒都惊心动魄。”尤庆文抱着录音机录下舱室发出的声音和下潜指令。黄旭华全神贯注地记录和测量着各种数据。

成功了！当核潜艇浮出水面时，现场的人沸腾了。人们握手、拥抱，喜极而泣。黄旭华挥笔写下了四句诗：“花甲痴翁，志探龙宫，惊涛骇浪，乐在其中！”一“痴”一“乐”，尽显其对核潜艇事业的痴迷、报效祖国的赤子之心。1988年，核潜艇水下发射运载火箭试验成功，中国成为继美、苏、英、法之后世界上第五个拥有核潜艇并具备核潜艇水下发射运载火箭能力的国家。

回顾黄旭华院士的一生，他隐姓埋名30年，带领中国核潜艇研发团队呕心沥血铸造国之重器，毕生为中国核潜艇研发事业默默奉献。1983年，黄旭华被任命为第一代核潜艇总设计师。1988年，在完成中国第一代核潜艇深潜试验和水下运载火箭发射试验后，黄旭华把接力棒传给了第二代核潜艇研制人员，此后致力于为核潜艇的研制献计献策，促进国家和地方的科技发展与人才培养。作为核潜艇技术领域的带头人，黄旭华率领团队开展了一系列重点型号研制，培养锻炼了一大批优秀的科技人才，包括中国工程院院士1人、船舶设计大师2人、中国船舶重工集团公司首席技术专家2人和核潜艇工程总设计师1人、型号总设计师7人、型号副总设计师30余人。2019年9月17日，他被授予中华人民共和国最高荣誉勋章——共和国勋章；2019年9月25日，他被授予“最美奋斗者”荣誉称号；2020年1月10日，他获国家最高科学技术奖。

黄旭华院士的人生，就像深海中的核潜艇一样，虽然无声，却有着无穷的力量。我们从他身上看到了很多，学到了很多。

一是无怨无悔的奉献精神。由于严格的保密制度，长期以来黄旭华院士不能向亲友透露自己实际上是干什么的，也由于研制工作实在太紧张，1958～1988年，他没有回过一次老家探望双亲。直到2013年，他的事迹逐渐被“曝光”，亲友们才得知原委。1988年南海深潜试验，黄旭华院士顺道探视老母，95岁的母亲与儿子对视，却无语凝噎，30年后再相见，64岁的黄旭华院士也已双鬓染上白发。面对亲人，面对事业，黄旭华院士隐姓埋名三十载，默默无闻，寂然无名，以国家为重，无怨无悔。

二是以身作则的担当精神。1988年，核潜艇按设计极限在南海做深潜试验，黄旭华院士亲自下潜300米，是世界上核潜艇总设计师亲自下水做深潜试验的第一人。试验前，面对忐忑不安的艇员，64岁的黄旭华院士当即决定随艇下潜，既是对艇员的鼓励，也是对自己设计的潜艇的负责。这种以身作则的精神彰显了为人民负责的态度。

三是艰苦朴素的精神。黄旭华的办公室里没有空调，分房时挑了没人要的顶层，夏季室内温度经常达到39.5摄氏度。直至2005年，他才在家里装了一台空调。黄旭华院士没有专车，所里最好的两辆汽车是买了几年的桑塔纳，黄旭华名片上只有分机号码。

四是潜心钻研的专注精神。黄旭华院士工作起来经常废寝忘食，几个月也回不了一次家，还有几次过家门而不入，只为了核潜艇的研究能有所突破。1988年中国第一代核潜艇深潜试验成功后，黄旭华本该功成身退，时至2019年，95岁的黄旭华院士仍然不忘自己的使命，每天上午雷打不动地来到办公室整理资料，希望将自己的毕生心血留给后起之秀。他一生只做一件事，潜心钻研，矢志不渝，为早日实现中国梦而不懈奋斗。

黄旭华总结工作经验，将核潜艇精神归纳为“自力更生，艰苦奋斗，大力协同，无私奉献”。中华民族是一个了不起的民族，只要有坚强的领导，只要下定了决心，要干什么事情，一定能够干成。“两弹一星”、核潜艇，哪一个不是这样！正是因为有着坚定不移的理想信念，无私奉献、报效祖国的崇高品质，敢为人先、勇于探索的科学精神，黄旭华院士才能“誓干惊天动地事，甘做隐姓埋名人”。他此生属于祖国，属于核潜艇，此生无怨无悔！他的人生，正如深海中的核潜艇，无声，但有无穷的力量。

七、海洋水产科学家·李星颉

近现代海洋水产科学家李星颉的故事

（讲述人：2019级生物科学专业　刘龙娇）

“科学家”是一个神圣而伟大的称号，代表的是不断开拓进取、不断探索解决人类难题、于蒙尘中显现真理的人。“科学家”这个称号让世界上所有人敬仰痴迷，因为他们是人类的先行者，可能有时他们不被认可，需要独自前行、孤独探究。我真正懂得科学家和他所代表的精神是从我熟悉并尊重的科学家李星颉教授开始的。李星颉教授1909年5月出生于天津静海县，1958年来到舟山海岛，为创建舟山水产学院（今浙江海洋大学）做出了不可磨灭的贡献，为我国的水产教育做出了重要贡献。

1958年，舟山决心创办水产方面自己的大学，舟山地委多次派人到水产部、浙江省政府、浙江大学及上海求援，并且希望李星颉教授到舟山来创办水产学院。为了建设舟山、振兴舟山渔场，李星颉便义不容辞地答应了。上海水产学院开始还不太同意，李星颉还协助做通了学校领导的工作，又在校内选拔了吴汉民、唐逸民、吴振兴、钱木兴等优秀毕业生一同来到舟山。原本舟山和上海水产学院领导说好将李星颉借调半年，等学院框架搭好开学后李星颉仍然回上海。李星颉到校以后，又协同舟山地委从舟山各单位抽调许多大学毕业生到学校来任教，学校办学经验、开课教师、仪器设备、校舍办公、教室宿舍等都严重不足，李星颉时任学院教务长，主持教学重任，没日没夜、竭尽全力做好工作。他在学院远景规划、年轻教师培养、专业设置、课程安排、教学计划等方面做了许许多多的工作。在主持学校教务行政管理工作的同时，还在百忙之中编写教材，给学生们亲自授课。在教育教学方面，李星颉为初创时期的舟山水产学院做出了卓越的贡献。

1958年李星颉从上海借调到舟山来创办舟山水产学院时，同来的还有浙江大学的董聿茂教授（任副院长）、冯立民教授（不久就调走了）等。后来董聿茂副院长由于兼任浙江大学教授及浙江省动物研究所所长且身体一直不太好，故而很少到校工作，于是教学行政管理上的大小事基本都是李星颉一人承担，其余学院领导不是地委领导就是部队转业干部，都不懂教学业务，基本教学业务也都是让李星颉主持。在借调期满时，上海水产学院方面多次催促李星颉赶快回上海。但是，李星颉是一个事业心很强的人，看到学校初创，百废待兴，事务繁多，学校里又缺乏主持教育的领导，经过慎重考虑，不仅决定留下来办好舟山水产学院，还把妻儿老小都接了过来，在舟山安家落户。李星颉当年放弃上海优越的生活来舟山创办水产学院这一举动和为事业牺牲一切的崇高思想觉悟，至今仍值得我们学习。

在一次访谈中，李星颉的儿子回忆说：“我们那时候还小，不能理解，只是感到相当的委屈和不满。我父亲便教导我们说，个人要服从国家的需要，好男儿要以事业为重，不要过多计较什么物质利益上的得失。现在回想起来才明白他是一个具有高度责任心、事业心的人，他满脑子想的都是振兴舟山水产教育事业，浑身充满了干劲，其他任何困难统统靠边站！”他深藏心中的“科技振兴舟山渔场”的梦想，一干就是几十年。

建校初期，李星颉每天晚上忙到深更半夜，亲自主讲了“海洋渔业”“海洋与渔场”“渔场论”“渔业资源与渔场”“渔业资源与鱼群侦察”“捕捞技术”“捕捞学”

"渔具学""海洋学""水产资源学"等众多专业课程,负责编审了全国高等水产院校统编出版的海洋渔业方面的大部分专业课和专业基础课教材,以及部分海洋渔业养殖、水产加工方面的专业基础教材。他编写的《海洋与渔场》被我国援外专家用作国外讲学的教材,他主编的《渔场与渔业资源》被各大水产高校用作为专业教材。

20世纪60年代初,我国经历了三年严重困难时期,国家经费十分紧张。在艰苦的创业阶段,学校经历过数次被撤销的危机,李星颉和舟山地区领导一起,多次向省里有关部门据理力争,讲科学道理,阐述学校存在的必要性、可能性、可行性,终于改变了学校被撤销的厄运。

李星颉教授是我国海洋水产知名科学家,从事水产教育科研事业半个世纪。从舟山水产学院创建,至浙江水产学院成立,他是主要创始人之一。他培养了众多水产专业方面的专家、科研人才、技术人才、管理人才,可以说桃李满天下。

李星颉教授在生活上严格要求自己,艰苦朴素,平易近人,从不搞特殊待遇。他经常和学校渔轮、帆船的"船老大"们一起织网、聊天,了解海上情况,还带领青年教师和学生们一同出海,和船员、渔民们同吃同住,指导教师、学生将科学理论应用于生产实践,坚持在渔场手把手地教学生如何进行科学调查研究工作,用理论指导实际,用科技提高生产力。

李星颉教授重视我国水产资源的繁殖和保护工作,提出"控制捕捞,为保护幼鱼进行休渔"。在第六届全国人民代表大会上,他又郑重地提出保护舟山渔场的五点建议:设立经济鱼类幼鱼保护区;合理安排生产渔船,控制捕捞强度,加强渔政管理;积极发展近海地方种群的人工增殖;正确处理沿海渔区农渔之间矛盾;控制和加强监测江河排污。当时"海洋资源取之不尽、用之不竭"观点盛行,李星颉的这些观点为许多渔业经济部门人士所不理解。但是经过事实上的教训以及李星颉等海洋科学家的共同努力,国家高度重视,逐步推出了一系列全国水产资源保护政策,对于促进全国水产资源保护起到了重要作用。

对此,我想从海洋科学家角度来谈谈如何实现海洋强国建设。

第一,想要成为一名优秀的海洋科学家,除了必备的知识技能以外,更多的是要拥有强大的心理素质与过硬的身体素质,即面对困境时要永远充满活力,具有创新思维,无论何时何地都要坚守本心,始终以一颗热爱之心对待海洋研究,无论遇到何种困境都要善于学习、坚持不懈,其中最重要的是要始终保持一颗纯洁的爱国之心,始终秉承为人类事业“生命不息,奋斗不止”的崇高世界观。

第二,无论是建设更加美好的世界,还是建设海洋强国,最关键的都是人的发展,如果能够培育优秀的海洋科学家就无需依赖他国科学技术,所以要注重培养创新型的海洋人才。唯有如此,方能在海洋强国中占据一席之地。科学无国界,科学家有祖国,爱国是科学家精神的第一要义。长期以来,一代又一代科学家怀着深厚的爱国主义情怀,凭借精厚的学术造诣、宽广的科学视野,为祖国和人民做出了不可磨灭的重大贡献。从李四光、钱学森、钱三强、邓稼先等一大批老一辈科学家,到陈景润、黄大年、南仁东等一大批新中国成立后成长起来的杰出科学家,他们都是爱国科学家的典范。殷殷爱国情,拳拳赤子心。我们要继承和发扬老一辈科学家胸怀祖国、服务人民的优秀品质,主动肩负起历史重任,把自己的科学追求融入建设中国特色社会主义现代化国家的伟大事业,创造无愧于时代、无愧于人民、无愧于历史的光荣业绩。

第三,在激烈的国际竞争中,唯创新者进,唯创新者强,唯创新者胜。现在,我国经济社会发展和民生改善比过去任何时候都更加需要科学技术,更加需要把原始创新能力摆在更加突出的位置,也更加需要大力弘扬勇攀高峰、敢为人先的创新精神。习近平总书记指出:“广大科技工作者要树立敢于创造的雄心壮志,敢于提出新理论、开辟新领域、探索新路径,在独创独有上下功夫。要多出高水平的原创成果,为不断丰富和发展科学体系作出贡献。”[①]我们在海洋专业学习中要主动培养创新创造精神,在学习和研究中谋划创新、推动创新、落实创新,在解决受制于人的重大瓶颈问题上担当作为,努力实现更多“从0到1”的突破,抢占科技竞争制高点,打造未来发展新优势。

一代人有一代人的奋斗,一个时代有一个时代的担当。我们要学习李星颉教授热爱海洋、热爱海岛,热爱科学事业、在学术上勇于创新,热爱教育事业、倾注毕生精力帮助学生成才,艰苦创业、不求荣华富贵、献身事业的精神。在学校迅速发展的今天,我们不能忘记学校老一辈工作者做出的贡献,学校发展是一代代人努力积淀的结果。我们要继承好、利用好老一辈教育工作者留下的宝贵精神财富。当前,在海洋强国战略背景下,我们更应向李星颉教授学习,为我国海洋事业的发展做出自己的贡献。

---

① 习近平:《在科学家座谈会上的讲话》,《人民日报》2020年9月12日。

八、海洋地质学家·汪品先

当代海洋地质学家汪品先的故事

（讲述人：2019级物理海洋专业　刘弢　陈苏宇）

我们常说"情深似海"，却很少有人去探索海洋到底深几许，而他82岁高龄依然奋斗在海洋地质领域，这到底是何等的情缘？今天我们要讲的是海洋地质学家汪品先的故事。汪品先，江苏苏州人，1936年出生，毕业于莫斯科大学，中国科学院院士，著名海洋地质学家。他主要从事海洋微体古生物及古环境研究，对中国海洋地质学的发展做出了创造性的贡献，被中国古生物学会授予终身成就奖。同时，他也是国家重点基础研究发展计划项目"地球圈层相互作用中的深海过程和深海记录"首席科学家、国家重点学科海洋地质学的学科带头人等。

他62岁登船主持大洋钻探，82岁乘载深潜器赴海底考察。2018年5月13日，我国自主研制的4500米载人深潜器"深海勇士"号迎来了年龄最大的乘客——我国著名海洋地质学家、"南海深部计划"指导专家组组长汪品先。深潜器先后三次载着82岁高龄的汪品先一直下潜到南海西沙1400米深处，在海底进行了8小时的考察后成功返回母船。谈及这次经历，汪品先称，科学的创新只有两个源泉：一个是大自然本身，还有一个就是创新的文化。2018年6月3日，央视《面对面》栏目对汪品先院士做了专访，他在节目中指出，自己当初钟情深海，就是因为看到世界先进国家在做这个事，而这对中国来说是个机会，可以趁着海洋科学重心下移的时机弯道超车。不过，汪品先还指出，如果在这一过程中没有科学精神，那是走不远的。

1960年，汪品先毕业于莫斯科大学地质系，后回国从事科学研究。在汪品先看来，他在本该做事情的年龄因时代局限没能做成，在该退休的时候反而迎来了中国海洋事业发展的最好时机，他现在是在追赶逝去的时间。汪品先称地球三分之二是深海，里边资源、能源很多，世界先进国家都在抢占这个阵地。第二次世界大战结束后，美国依托其强大的海军基础展开了深海研究，欧洲、日本紧随其后。20世纪70年代，深海钻探、深海深潜技术相继出现，但中国受当时条件的限制，一直难有作为。1996年，汪品先联合国内其他科学家，向国际大洋钻探学术委员会提交了“东亚季风在南海的记录及其全球气候意义”建议书。在1997年度国际大洋钻探学术委员会的全球建议书评审中，该建议书获得第一名，被正式列为国际大洋钻探计划(ODP)184航次。汪品先成为该航次两位首席科学家中的一位，这是中国海的首次大洋钻探航次，也是第一次由中国人设计和主持的大洋钻探航次。那一年，汪品先62岁。他说：“我60多岁，在船上是最老的，船长也没我老，我很骄傲。我们的船从澳大利亚的西海岸出发，走了10天到了南沙，那天船长命令升中国国旗。这个井到现在也是我们南沙唯一的深海井，对我们有很大的帮助。”

汪品先指出：“1999年之后的20年是我国深海科学发展最好的20年，在这段时间里我国取得了一系列发展，在深海、深网、科学家培养上取得了不小的进步。不过，学术研究上比较盲目，低水平重复太多，没有新招数。”他认为：“这样下去是不可持续的，会影响到我国在深海领域的发展，我国的深海研究要像办奥运会那样大家一起干，而不是各自为战。要达成这一点，最重要的在于有科学精神，即对科学本身而不是科学的好处有热情。”

从62岁完成第一个由中国人设计和主持的大洋钻探航次，之后20年的时间里，汪品先的工作效率令人震撼。2009年，他率领的团队建立起我国第一个海底综合观测深网系统——东海海底观测小衢山试验站。此后，东海海底观测网投入建设。2011年1月，国家自然科学基金启动为期8年的“南海深海过程演变”重大研究计划(简称“南海深部计划”)，支持经费1.5亿元，有32个单位700多人次参与其中，其中51个重点项目由汪品先牵头主持。如今，这一计划已接近尾声，此次“深海勇士”号南海载人深潜就是在为这一计划做最后的冲刺。

现在，对汪品先来说生命中最宝贵的就是时间，他经常在办公室工作到晚上11点才回家。汪品先说：“对我来说，最缺的就是时间。我是倒计时的，所以想早点安排我还能做哪些事，按照重要程度排好序。”“南海深部计划”历时8年，尽管按规定2011年年底结题，但这不是南海研究的结束，而是一个更大的开始，希望能够衍生出更多具有价值的研究，引导出更大规模的研究。下一步，他想尽全力推动大洋钻探进展，向国际大洋钻探核心挺进。“中国对科技投入之大，举世瞩目。但是单单靠钱是不够的，中国人一定要为国际重大计划贡献自己的科学想法和科学题目。”如果做完了这些还有时间，汪品先表示愿意为科学和文化做努力，他时刻关注国家创新和科研进步的话题，他说：“在我看来，创新的源头有两个,一是自然,二是文化。"

汪品先说,没登过阿尔卑斯山,就难以理解山脉的复杂构造,就像他不下潜,就对海底缺乏感性认识。只坐在大楼里写论文,很难做出好的研究,很难有真正的创新。"科学不是在术语里打转,科学是文化的一部分。文化是创造性思维的沃土,只有拥有创造性思维,才可能做出有益的改变。"汪品先说,中国的科学家不能做科学上的"外包工",从外国的文献里找题目,买外国的仪器分析后在外国发表,而必须拥有自主创造力,拥有"一手"成果。"做螺丝钉尽职尽责没有错,但人不能只做螺丝钉,一大堆螺丝钉还是螺丝钉,问题是你要想办法做成机器,科学家必须要有创造性,全社会要大力提倡创新文化。"汪品先认为,做科研不能"唯论文"。"发表三篇就比发表两篇厉害,这不可笑吗?"他不赞成学术单位靠钱挖人,搞恶性竞争,"没听说过哪个国际前沿实验室是靠砸金钱建起来的"。这位一贯敢言的老人最后说道:"这些年,我说了不少得罪人的话,但我赞赏自己说了一些真话。我们都是怀着好心,希望社会变得更好,尽管说了不一定有用,但我还是要说,如果连声音都没有了,那才是真的糟糕。"

一代人有一代人的奋斗,一个时代有一个时代的担当。汪品先率领的团队研究建立了西太平洋海区最佳深海地层剖面,发现了碳循环长周期,首次发现了南海等西太平洋边缘海在冰期/间冰期旋回中环境与沉积变化的古海洋学放大效应,提出了地球表层系统变化中的"双重驱动"机制,在气候演变的热带驱动与大洋碳循环方面取得了原创性的理论研究成果,获得了国内外学术界的高度评价和肯定,同时实现了中国海区深海科学钻探零的突破,为南海演变和东亚古气候研究取得了3200万年的深海记录。"敢为人先"和"身体力行"也是汪先生给我们印象最深的品质。他从最初将发展方向由陆地转向海洋、由海陆过渡带转向深海大洋,到现在发展海洋与技术结合,都比别人早走一步。

汪品先身上明确体现出以下科学家精神:一是爱国奉献的"家国情怀",这是科学家精神的锚点,解决了"科研为谁做"的问题。1960年,汪品先毕业于莫斯科大学地质系,和当时许多留学海外的爱国青年一样,他一毕业就迫不及待地回到了祖国,期待把自己满腔的热血都奉献给祖国的科学研究事业。此后汪品先先后在华东师范大学和同济大学任教,并在1975年发起组建了同济大学海洋地质系,就这样汪品先与神秘海洋的牵绊由此开始。汪品先在极其有限的科研条件下,与同事们在1980年完成出版了《中国海洋微体古生物学》论文集,后来又发行了英文版,引起了国际学术界的关注。但汪品先认识到,中国的海洋学术研究需要更活跃的思想，需要更切实地了解与世界的差距，从而迎头赶上。1991年，他当选为中国科学院学部委员（后改称“中国科学院院士”）后，更看重中国在世界学术界的声音，便一心扑向了广袤国土的最南边——南海。

二是创新求实的“科学态度”，这是科学家精神的本质，解决了“科研怎么做”的问题。汪品先一直投身于海洋科学研究事业，对海洋的热爱加上一股为国效力的使命感使他在自己的岗位上不断付出。后来，为了投入更多的时间和精力在科研上，他和妻子分居长达30年。这30年的时间里，他把国家的利益放在了个人利益之上。2018年，我国自主研制的“深海勇士”号4500米载人深潜器开始投入试验，而汪品先亲自下潜并观察采样长达8个小时。有些人认为这么做并没有什么，毕竟他在这方面是专业的。但其实在这个时候，汪品先已经82岁，退休20多年。虽然如此高龄，但当国家需要他的时候，他依旧勇敢地站了出来。虽然他比同行的很多人都要年长，但是他并没有架子，认为什么事情都要照顾他，相反，他一直积极地做好准备，不给团队制造麻烦和拖后腿。82岁的老先生竟然这么有魄力、有胆量，甚至有很多人劝他“还是不要下去为好，毕竟让自己的身体承受太大的压力了”，但是他自己非常坚定，坚持要下潜深海。

三是协同育人的“薪火传承”，这是科学家精神的源泉，解决了“科研谁来做”的问题。潜心研究，不务虚名。汪品先院士认为重大科学研究成果的取得源自研究者对科学真正的热爱、长年甘坐冷板凳的恒心和执着精神。“科学家不是论文的写作机器，而是科学真理的探求者和开拓者，对科学的兴趣和热爱为科学家的创新注入不竭动力。”“科学成果不是在聚光灯下取得的，而是在实验室里一天天默默无闻做出来的。”这也正是他几十年学术人生的真实写照。他力主培育科学文化，让创新人才争相涌现。他一直心系创新性青年人才的培养，2017年春季学期他主动请缨，面向同济大学全校学子开设一门名为“科学、文化与海洋”的人文素养课，希望引导年轻人思考“科学就是文化，科学创新需要文化元素”，激励同学们自觉将科学与文化相结合，勇于投身科学创新实践。

从国门初启对海洋的懵懂，到海洋强国战略的实施，汪品先的人生轨迹与中国的海洋事业交织在一起，带给我们众多启示。

汪品先先生和他的团队顺利下潜深海、顺利返回海面，自那之后，他便有了“深海勇士”之称，他们的下潜打破了“中国没有载人下潜器”的局面，让中国在世界海洋研究领域有了一席之地。他锲而不舍的科学精神、“天下兴亡，匹夫有责”的使命担当、忧国忧民的情怀等都使我深切感受到了科学家身上的精神。

汪品先认为,好奇心应该是科研人员提升面向自然的兴趣和勇气的最大驱动力。“如果你的职业就是你的爱好,这最好。真的科学家不一定要去想为了什么,只是因为喜欢。我的研究有用,那太好了;即便没有用,我还是要研究。”从事科研要为了科学本身,真的喜欢科学,而不是把科学当敲门砖、垫脚石,喜欢科学带来的利益。

他虽然是一个平凡的人,却在自己的岗位上做着不平凡的事情,以个人的努力推动着国家事业的发展。他就像一抹亮光,照亮了许多人前行的路!当我们每个人都全身心付出去推动祖国的发展时,国家就会变得更加昌盛富强,我们每个人也才会看到更遥远、更美好的未来。

九、海洋深潜学家·徐芑南

当代海洋深潜第一人徐芑南的故事

(讲述人:2019级生物科学专业　朱新蕊　冉志强)

在马里亚纳海域7000米深的幽冥海底,一道炫目的光亮划破黑暗,一个白色庞然大物矫若游龙,巡弋海底,这个鲨鱼形金属物,不是天外来客,不是诺亚方舟,而是由我国自行设计、自主研制的“蛟龙”号,它可深潜达7062米,创造了世界同类型潜水器最深作业纪录。“蛟龙”号的总设计师就是中国工程院院士、我国深潜技术领域的开拓者徐芑南。他用一辈子的辛勤耕耘、执着奉献,实现了中华民族“下五洋捉鳖”的深蓝梦。徐芑南说他对大海深有感情,他的一生都与大海紧密相连。怀着强烈的报国热情,1958年从上海交通大学造船系毕业的徐芑南来到了中国船舶重工集团公司第七〇二研究所开始了潜艇结构的研究工作。之后,他主持与创建了我国最大深海模拟试验设备群和潜水器耐压壳稳性试验技术。我们要讲的是我国海洋深潜第一人徐芑南的故事。

情系大海,与潜水器结下不解之缘

1936年3月,徐芑南出生于浙江省宁波市镇海区。1953年,17岁的徐芑南考入上海交通大学“热门专业”——造船系。那时,国家百废待兴,急需各种建设人才。造汽车、造飞机、造轮船,成为当时莘莘学子的理想。心怀报国之志的徐芑南,从小就喜欢碧波万顷的大海,能在大学攻读喜爱的造船专业,对他来讲

也算圆了报效祖国之梦。

1956年，学业优秀的徐芑南被国家首批海军舰船装备研发设计人才计划选中。四年大学寒窗苦读，徐芑南打下了扎实的理论功底。毕业后，他被分配至七〇二所（中国船舶科学研究中心），从此与潜艇结下了不解之缘。工作伊始，徐芑南便参与了潜艇模型水动力试验，接着又参与了潜艇结构研发。徐芑南在大学学的是水面舰船设计，对潜艇知之甚少。“当时觉得所学知识汲深绠短，无法适应潜艇研究。”徐芑南说，“虽然很多知识触类旁通，但水上和水下的差距毕竟很大。”徐芑南渐渐从水面“潜”到水下，通过试验他切身感到要做好科研工作单凭一腔热情和勇气还不够，必须有强大的实力做后盾。当时倡导干部下基层锻炼，于是他主动请缨，去青岛潜艇基地当了一名“舰务兵”。

在部队“服役”的一个月，他虚心学习，每次都随潜艇下海，对潜艇原理、各个舱段分布及仪器安装使用等情况他都稔熟于心。“我是一竿子插到底，与基层战士同吃同住同锻炼。我觉得如果理论知识不与实践相结合，只能是纸上谈兵。”干一行爱一行，爱一行专一行，当把潜艇里里外外摸得门清，徐芑南又要求去潜艇修理厂实习。不到两个月，他对潜艇知识的掌握便有了质的飞跃。“刚开始接触潜艇时，我还顾虑重重，毕竟半路出家，怕自己无法胜任。当我从青岛基地回来，终于知道该干什么、怎么干了，连看图纸的感觉都大不一样。”抚今追昔，徐芑南仍觉得那是他人生中一段非常重要的时光。由于勤奋刻苦，徐芑南的科研水平突飞猛进。不久，“卡箍连接可拆式深海模拟设备系统设计”的科研重任便落在他的肩上。该设备的主要作用是测试潜艇耐压壳的稳定性。据说，在压力巨大的深海，若没有抗压能力超强的材料，即便无坚不摧的坦克都会被揉成一团废铁。

当时，有外国专家断言，按中国现有技术水平，想要造出潜艇耐压外壳至少需要10年时间。徐芑南不信这个邪，他带领科研团队，仅用3年时间便研制出我国第一台结构先进的压力筒设备。20世纪70年代，他又开创性地提出双层、定比压力的新结构形式，并建成我国最大压力筒设备及系统，为我国潜水器研发奠定了坚实的基础。20世纪60年代末，国际上开始大力发展海洋石油开采，各种潜水器应运而生。美、苏等国捷足先登，开始向大洋深处进发，尤其在载人深潜领域雄霸一方。而这方面我国才刚刚起步，与欧美国家差距很大。也就是从那时起，一个宏伟的远景目标在徐芑南脑海中逐渐清晰起来：有生之年，他一定要制造出世界领先的载人潜水器，领略充满奥秘的海底画卷，去探寻无穷无尽的海底“宝藏”，为我国海洋科考开辟更广阔的领域。

当时，由于西方技术的封锁，潜艇又属于军事机密，一切只能自行设计、自主研制，而相关技术资料十分匮乏。徐芑南便去其他兄弟单位“求援”，经过不懈努力，他搜集了大量潜艇方面的书籍和情报，从中寻找灵感突破。徐芑南的研究工作刚有起色，“文化大革命”便使科研工作陷入停滞瘫痪，那时他觉得既然大环境无法改变，那就把握自己，不随波逐流。当时有好心人善意提醒：“算了，别搞潜艇了，弄不好会惹祸上身的。”徐芑南也知道“危机四伏”，但他坚信人间正道是沧桑，终有一天自己苦心钻研的研究成果会得到认可，服务于祖国。

徐芑南顶着巨大压力，与深爱的潜艇研究不离不弃，白天不让研究，他就晚上挑灯夜战。孤军奋战搞潜艇研究，所面临的困难可想而知。很多时候，他都身兼数职，从行车指挥、设备安装、试验测试到写分析报告，他一个人都包了，慢慢成为潜艇研制领域的“多面手”。“文化大革命”结束后，迎来了科学技术的春天。当科技工作者重返科研岗位时，一直默默耕耘的徐芑南在潜水器研究领域异军突起，成果丰硕。由他主持创建的我国最大深海模拟试验设备群，填补了国内空白，令世界同行刮目相看。

走向深蓝，缔造中国“深海传奇”

进入20世纪80年代，随着能源需求日益紧迫，人们开始将目光投向海洋。有专家预言，21世纪的国际竞争归根结底是能源与海洋的竞争。我国海域辽阔，海底资源丰富，为了解决能源短缺的问题，国家出台了一系列举措，其中尽快开发海洋资源被提上议事日程。徐芑南也迎来了事业发展的转机。

深海技术被认为是与航天技术、核能利用技术并列的高新领域，而载人深潜器则是海洋开发和海洋技术发展的最前沿和制高点。心怀强国之梦的徐芑南，带领七〇二所5个单位的技术骨干成功完成我国第一台单人常压潜水器，达到国际同类产品的先进水平。由于科研业绩突出，他被中船总公司任命为总设计师，主持研制赶超国际先进水平具有光纤通信功能的缆控水下机器人。“因当时国内科研条件所限，我所参与研制的项目都是带缆的，唯独缺少大深度载人潜水器。”放眼国外，各国间海洋权益之争日趋激烈，相关的研发进程一再提速，20世纪90年代，美、法、俄、日先后研制出6000～6500米级的深海载人潜水器，成为这一领域的“海洋霸主”。

1991年，我国已获得东太平洋矿区的专属勘探权和开采权，这块面积达

7.5万平方公里的海底蕴含丰富的矿产和稀有金属。“我们不去勘探，别人就会开采，不但美、日觊觎多年，就连印度都跃跃欲试。”徐芑南说。为了使中国在世界海洋权益中占有一席之地，徐芑南老骥伏枥，加快了科研脚步，只争朝夕，他毕生的心愿就是尽快造出世界一流的大深度载人潜水器，为国争光。盘点徐芑南的“作品”序列，从我国第一台常压潜水器到我国第一台600米的大功率作业型缆控无人潜水器，再到深潜6000米的自治水下机器人，不难发现，这些徐芑南的心血之作有一个共同特点：能够直接服务于科学研究或工程应用。多年的呕心沥血、积劳成疾，令他霜染鬓发，身体每况愈下，一只眼睛仅存光感，久治不愈的高血压、心脏病、偏头痛折磨得他身心憔悴。壮志未酬身先老，徐芑南心里时常涌起惆怅和遗憾，徒生叹息，以为自己皓首穷经、为之奋斗一生的海洋深潜梦想就此搁浅。

1998年1月，因健康原因，他办理了退休手续，打算带着未竟的心愿安享晚年。2000年初，在中国海洋协会的组织下，15位院士和相关专家与国家发改委、财政部、科技部等部门领导召开座谈会，初步达成研发载人潜水器的共识。有天晚上，徐芑南忽然接到所长吴有生打来的长途电话：“老徐啊，告诉你一个好消息，7000米载人潜水器，国家已正式立项了……”徐芑南听罢，激动不已，没想到自己的夙愿即将变成现实。吴所长试探性地问道：“你现在身体怎么样？没问题的话，赶紧回来吧，这个项目的总设计师非你莫属。”

徐芑南心潮起伏，既然国家需要，自己责无旁贷，况且可以圆毕生未竟的心愿。他每天坐立不宁，一心想为国效力。儿子担心他身体吃不消，劝慰道：“算了吧，都研究了一辈子了，也该享享清福了。”九旬的老母亲最理解儿子：“还是让他去吧，不去的话，会憋出病来的。”徐芑南迫不及待地向家人解释说：“只要控制好血压和心脏病就可以了，我觉得这把老骨头，还能支撑一阵子。”白首壮心的徐芑南，义无反顾地重新披挂上阵，挑起我国深海载人潜水器总设计师的重任，向7000米海洋深处的目标挺进。“上九天揽月，下五洋捉鳖”，这是人类征服陌生世界的无限遐想。而深及千米的大洋海底，并非色彩斑斓，而是漆黑一片，尤其5000米以下的海底水压，相当于以一个手掌大的面积托起5辆10吨重的卡车，其科研和探测的难度超出想象。当时，我国载人潜水器最大下潜深度只有600米，从600米到7000米可谓远在天边，要攻克的重重技术难关可想而知。

挑战极限,"中国龙"扬威世界

项目启动,各种困难接踵而至,而最令徐芑南感到头痛的是科研人才匮乏,当时所里正处于人才青黄不接的"断档期",没有人才,一切都无从谈起。徐芑南说:"没办法,只好将退休多年的老同志请回来,担任项目顾问。同时,在实战中带出一支年轻过硬的科研队伍。"潜水器种类繁多,形制各异,其类型有载人、无人,有缆、无缆;其控制方式有手控、缆控,如今还有智能遥控。"几乎所有的潜水器,我都做过了,"徐芑南说,"但最耗费心血的还是'蛟龙'号。"而与他合作过的人,无不感叹:做总设计师的专家很多,但像徐芑南那样忘我投入的很少。徐芑南笑道:"我这辈子就是为潜水器而生的,它让我着迷,除了吃饭睡觉,我全部的心思都放在它身上。"徐芑南左眼视网膜已脱落,右眼视力也不好,看资料要用放大镜,或让老伴读给他听,和熟悉的人打招呼,全凭辨认轮廓。研制期间,他的高血压、心脏病几次复发,最严重的一次,他住进了上海华山医院,尚未痊愈他便悄悄地溜出医院,"当时'蛟龙'号正处于攻坚阶段,我怎能躺在医院安心养病呢?"就这样,他一边搞科研,一边到单位诊所打点滴,每天包里带的药不下十几种,吃药就像吃饭一样。老伴方之芬说:"当时,科研任务重、压力大,老徐给我的感觉是在拼老命,我都替他捏把汗。"

跟神舟飞船一样,"蛟龙"号也是一个系统工程,需要造船、通信、材制、动力、机械等12个分系统科研人员通力攻关,协同作战。与此同时,徐芑南还要联合中国科学院自动化所等上百家科研单位,事情芜杂,千头万绪,但所有合作者都对这位总设计师赞誉有加。"人人都是主角,人人都是其他人的配角,所有系统之间要相互配合、相辅相成才行。"

作为"蛟龙"号总设计师,徐芑南好比统领千军万马决胜千里的统帅。他运筹帷幄,从容应对,调动起全部的人生智慧和丰富经验,遵循"下得去、能干活、上得来、保安全"的科研理念,通过不断地仿真分析和模型实验,实现了12个系统在技术上的无缝对接。徐芑南说:"我根据以往经验,进一步提高了输入、输出、约束、支撑四要素分析法,协调和固化各分系统间的技术接口和管理接口,将每一个分系统的时间节点、约束条件、支撑性能串联起来,制成表格,按章实施,大大提高了效率和质量。"寒来暑往,斗转星移,2008年,神秘莫测的"蛟龙"号终于浮出水面,它的建造完成吸引了全世界的目光。

"蛟龙"号排水量13吨,水下工作时间12小时。"蛟龙"号要下潜至7000米深的海底,相当于从2300层楼高的顶层下降到底层,水下温度低,还要承受700

吨的大气压，因此每道技术能否过关关系到“蛟龙”号的成败。心细如发的徐芑南对待工作精益求精，认真程度近乎苛刻。他曾举例说明，在制造潜水器时，即使焊接处的一个微乎其微的小气泡，都会对“蛟龙”号带来灭顶之灾。“因为是深海载人设备，一旦出错，后果不堪设想。”因此，他要求凡是参与研发的科技人员，必须增强责任感，力争做到万无一失。

在长达两个月的海试中，徐芑南除了因病不得不上岸休息的几天，其余时间都与参试人员奋战在一线。尽管他年龄大，腿脚不便，但事必躬亲，他忙碌的身影无处不在：去甲板查看设备，指导工作，与技术人员交流、分析和探讨潜水器的技术细节；试验前后对关键岗位操作人员反复叮嘱，什么东西该放在哪儿，如何固定以防止被海浪冲走，甚至用水、用电的接口他都会逐一查看，不放过任何安全隐患。每次海试，他从不稳坐“指挥台”，而是一连几个小时值守在水面控制室，不放过水声通信传回的“蛛丝马迹”——尽管好几个小时的海试传回母船的语音不过十几句，但他一句也不肯放过。

“不管人有多累，病有多重，只要一提及潜水器，他立刻就来了精神，要是几天不见潜水器，人就像丢了魂一样，无精打采。”老伴方之芬非常了解他。“的确，我一思考潜水器，就头也不疼了，血压也不高了，如果不思考，头就疼得厉害，看来潜水器胜过灵丹妙药。”徐芑南说。每次出海，从离港到目的地海域常有几天航程，每到夕阳西下，海风轻拂，彩霞满天，大家都会聚到甲板上，或欣赏海天一色，或聊天打牌，唯独徐芑南几乎从不参加此类活动。他躺在舱内，思考流程的每个环节步骤，像放电影一般在脑海一一掠过……如果忽然想起什么，他便赶紧起身找人处理。

2009年，“蛟龙”号迎来1000米首次海试，“向阳红”号刚从江阴码头起航便遭遇了强台风“莫拉克”。由于风急浪高，包括徐芑南在内的5位老同志，晕船晕得厉害，躺在舱内瘫软乏力。然而当船抵达试验海区后，徐芑南又像没事人一样忙碌起来。“蛟龙”号旗开得胜，1000米首次海试成功。当大家欢呼雀跃之际，劳累过度的徐芑南却突发心绞痛，脸色苍白，虚汗淋漓。看着大家表情紧张，他安慰道：“没事的，你们忙吧，我躺一会儿就好了。”

2011年，“蛟龙”号冲刺5000米深海，完成了136项科学实验。静谧深邃的海底，恍若童话般的神奇世界，五颜六色的发光游鱼，在“蛟龙”号身边精灵般地穿梭掠过，仿佛夏夜飘舞的点点萤火……这次下潜，“蛟龙”号还采集到了锰结核矿石，令科研人员大开眼界。

2012年,“蛟龙”号再次起航,向7000米发起挑战。徐芑南说:“试验将面临最大设计水深,挑战与风险都很大,但我们已做好了充分的准备。”最终,“蛟龙”号成功突破7020米,下潜最深达7062米,可以探测地球99%的海底世界,不但刷新了我国载人深潜新纪录,还创造了世界深潜奇迹,使我国一跃成为世界上拥有此项技术的少数几个国家之一。相比于国际上同类作业型的深度载人潜水器,徐芑南认为我们这条“中国龙”在技术上有三大领先优势:一是具有先进的海底自动航行功能和悬停定位功能,便于目标搜索、定位、自由巡航;二是具有高速水声通信功能,可将水下的语音、图像、文字等各种信息实时传输到站船上;三是“蛟龙”号上的充油银锌蓄电池容量最大,能够保证水下作业时间长达十几个小时。此外,“蛟龙”号在遥控、电子、机械等方面,也取得了令人瞩目的技术突破。

“龙”腾盛世,梦想成真。为了这一辉煌时刻,耗尽毕生心血的徐芑南激动得热泪盈眶:“没想到啊,年轻时的夙愿,在我76岁时圆满实现了。”徐芑南也因此获得国家科学技术进步奖一等奖、二等奖,全国“海洋人物”称号以及十佳全国优秀科技工作者、中国工程院院士等荣誉。

从风华正茂到霜染鬓发,从普通舰务兵到世界级载人潜水器“蛟龙”号总设计师,贯穿徐芑南整个生命线的只有一件事——深潜。有人说,徐芑南的人生高度,几乎可以用中国深海潜水器的下潜深度——300米、600米、1000米、3000米、5000米、7000米——来衡量!可以说,中国载人深潜每前进一步,都饱含他的心血。2013年7月,“蛟龙“号在南海进行海洋地质、生物、环境等科考调察,接着将奔赴东太平洋对锰结核区域进行探测,为开采做准备,然后还将奔赴西北太平洋硫化矿物区进行海底考察。这艘满载和平与希望的科学方舟,乘风破浪,驶向未来。

习近平总书记指出:“我们爱好和平,坚持走和平发展道路,但决不能放弃正当权益,更不能牺牲国家核心利益。”“要做好应对各种复杂局面的准备,提高海洋维权能力,坚决维护我国海洋权益。”[①]圆满完成载人深潜试验,成为我国深海装备发展的又一里程碑,为我国海洋事业的发展增添了新的利器,实现了我国深海装备由集成创新向自主创新的历史性跨越。为了这一切,中国载人深潜团队已奋斗了十多年,一次次设计、一次次试验,他们用实际行动浇铸了“严谨

① 中共中央党史和文献研究院编:《习近平关于总体国家安全观论述摘编》,中央文献出版社2018年版,第42页。

求实、团结协作、拼搏奉献、勇攀高峰”的中国载人深潜精神，谱写了我国海洋事业发展的新篇章。

“海兴则国强民富，海衰则国弱民穷。”随着我国经济快速发展和对外开放的不断扩大，国家战略利益和战略空间不断向海洋拓展、延伸，海洋事业的发展关乎民族生存发展与国家兴衰安危。因此，我们要始终坚持海洋强国战略，明确海洋强国道路，发展海洋强国理论，建立海洋强国制度，凝练海洋强国文化，积极做好以海洋强国为核心的全面传播与宣传工作，开拓海洋强国信息公开和新闻发布渠道，激发国民的海洋强国意识。我们坚信中国一定会成为海洋强国，屹立于世界之巅。

第六章　海洋科学家精神融入高校思政课的实践价值

2019年6月11日，中共中央办公厅、国务院办公厅印发了《关于进一步弘扬科学家精神加强作风和学风建设的意见》，要求全社会大力弘扬胸怀祖国、服务人民的爱国精神，勇攀高峰、敢为人先的创新精神，追求真理、严谨治学的求实精神，淡泊名利、潜心研究的奉献精神，集智攻关、团结协作的协同精神，甘为人梯、奖掖后学的育人精神。这些由科学家群体集中体现出来的科学家精神，是中国精神的重要组成部分。将科学家精神融入思想政治教育，是新时代落实立德树人根本任务的重要课题。海洋类高校将海洋科学家精神融入高校思政课，大力弘扬海洋科学家精神，对立德树人、实现海洋强国具有重要意义。

高校思政课承担着"精神成人"的任务，自觉传承和弘扬海洋科学家精神，挖掘和阐释其与中华优秀传统文化的联系，对于强化大学生的文化认同，引导大学生完成"精神成人"具有重要价值和作用。海洋科学家精神是海洋类高校思政课鲜活生动的教育资源，将其有效融入思政课，有助于实现学生在海洋研究专业上的成长，也有助于大学生在海洋科学家精神的滋养中提升自身道德素质，实现思想成才，最终在求真、求实中不断成长为能够担当民族复兴大任的时代新人。因此，将海洋科学家精神融入高校思政课具有重要价值。

第一，海洋科学家精神融入高校思政课有助于把海洋科学家的理想信念融入大学生思想教育中。大力弘扬海洋科学家胸怀祖国、民族的理想信念，坚持国家利益和人民利益至上，将实现国家富强、民族振兴、人民幸福的中国梦同大学生的个人梦结合起来，使大学生能够立足新时代、担当新使命。将海洋科学家精神融入高校思政课就是引导新时代大学生向一代又一代的海洋科学家学习，牢固树立起远大的理想抱负和坚定的民族国家信念，从而自觉践行海洋科学家精神，为实现中华民族伟大复兴而接续奋斗。

第二，海洋科学家精神融入高校思政课有助于把海洋科学家的爱国精神融入大学生思想教育中。海洋科学家故事是对大学生进行爱国主义教育的鲜活素材，有利于凝聚海洋强国建设的精神力量。大力弘扬海洋科学家胸怀祖国、服务人民的爱国精神，用海洋科学家爱国、报国、兴国、强国的感人故事和崇高精神教育、激励新时代大学生，厚植爱国情怀，增强民族凝聚力，弘扬民族精神。海洋科学家所展现的崇高精神能够涵养学生的精神品性，从而使他们将个人理想与国家民族前途命运紧密联系，将自己的爱国情、强国志、报国行自觉融入中国式现代化强国建设，为实现中华民族伟大复兴贡献自己的青春力量。

第三，海洋科学家精神融入高校思政课有助于把海洋科学家求真求实的执着科学精神融入大学生思想教育中；有助于大力弘扬海洋科学家追求真理、严谨治学的求实精神，将他们热爱科学、探求真理的精神作为大学生毕生的价值追求，引导大学生始终保持对海洋科学的好奇心和创造力；有助于引导大学生以海洋科学家为榜样，坚持解放思想、独立思辨、理性质疑，大胆假设、认真求证，追求真理、严谨治学，不迷信学术权威，在求真求实的执着科学探索中做引领社会精神风尚的模范生。

第四，海洋科学家精神融入高校思政课有助于把海洋科学家勇攀高峰、敢为人先的创新精神融入大学生思想教育中。大力弘扬海洋科学家敢为人先的自信，面向世界科技前沿、面向国民经济主战场、面向国家重大战略需求而不断超越自我的探索精神，抢占世界海洋科技竞争和未来发展的制高点的创新精神，引导和激励大学生成长成才，在潜移默化中培养造就新时代的海洋科学家。

第五，海洋科学家精神融入高校思政课有助于把海洋科学家执着探索、坚韧不拔的精神融入大学生思想教育中。海洋科学家具有的执着探索和坚韧不拔的精神追求是人类社会发展的精神原动力，人类之所以能够持续不断地向前发展，正源于科学家内心的创造发展冲动，源于人类的好奇心。科技进步源于科学家的好奇心，科学好奇心支撑了科学家的创新创造，是促进社会发展进步的精神源泉，反映了人类不断探索未知的精神需求。因此，在高校思政课中要注重大学生自我实现的精神需求，使科学好奇心成为大学生的永恒精神风尚，使大学生永葆科学探索精神，以科学研究的内在精神促进科技的迅猛发展。

可见，海洋科学家精神是一笔宝贵的精神财富，是海洋类高校思政课教学的鲜活资源，将海洋科学家精神融入高校思政课会进一步丰富高校思政课的教学内容。将海洋科学家精神融入高校思政课就是把海洋科学家的民族理想、国家使命、爱国情怀、自信、专注、韧性、超越、执着、求真、担当等精神融入思政教育中,将海洋科学家的精神内化于学生之心、外化于学生之行,全面提升海洋科学家精神的育人功能,使大学生真正成为引领社会精神风尚的表率,担当起建设海洋强国的历史使命。

我们通过系统采集海洋科学家成长资料,深入挖掘其所蕴含的学术思想、人生积累和精神财富,运用微视频、演讲等形式讲好海洋科学家故事,大力弘扬海洋科学家精神,不断创新新时代大学生思想政治教育的路径和方式,推动海洋科学家精神进校园、进课堂。

以下为部分海洋专业学生对"讲好最美海洋科学家故事"的反馈。

赖龙云

(浙江海洋大学2019级海洋环境专业本科生,现为华东师范大学物理海洋专业硕士研究生)

我在本科二年级的思政课上讲过"中国核潜艇之父"黄旭华的故事。黄旭华院士是中国核潜艇事业的杰出代表,他的奋斗历程不仅展现了科学家的坚韧不拔和执着追求,更揭示了中华民族自立自强的精神内涵。作为中国核潜艇事业的开创者和奠基人,他为中国核潜艇事业的发展做出了巨大贡献,这种贡献不仅体现在核潜艇的研发和制造上,更体现在对国家和民族的忠诚担当上。在黄旭华院士的带领下,中国核潜艇事业不断取得突破,我国成为世界核潜艇强国之一。黄旭华院士具有无怨无悔的奉献精神、以身作则的担当精神、艰苦朴素的奋斗精神、潜心钻研的专注精神、强烈的爱国情怀,优秀的精神品质和强大的人格魅力使他赢得了人们的尊敬和爱戴,成为中华民族自立自强、勇攀高峰的典范。

我怀着对海洋的向往与热爱,继续在海洋科学专业深造学习。黄旭华院士追求真理、勇攀高峰的精神始终激励着我不断奋斗。我现在在华东师范大学继续深造,所在研究课题组是河口海岸学国家重点实验室海洋生物地球化学组,我身边有张经院士等海洋科学家,他们严谨的科学态度、忘我的工作热情时时刻刻感染、激励着我。在未来的求学之路中,我将始终牢记国家和民族的利益高于一切,为国家和民族的发展贡献自己的力量,为实现海洋强国、实现中华民族伟大复兴贡献自己的力量。

夏瑞兆

(浙江海洋大学2019级海洋技术专业本科生,现为厦门大学物理海洋专业硕士研究生)

作为浙江海洋大学的一名本科生,我很荣幸能够继续到厦门大学物理海洋专业深造,记得在本科大二思政课堂上我讲过海洋科学家朱元鼎的故事。朱元鼎先生是我国著名的鱼类学家,他对我国海洋生物资源的研究做出了巨大贡献,是鱼类学领域的奠基人之一。他精益求精、勤奋钻研的科研态度深深地触动了我,也激励着我在今后的学习和科研道路上不断努力,不断突破自我。

在朱元鼎先生的学识和品德的熏陶下,我深刻体会到了学术研究的严谨性和持之以恒的精神。他对待科学研究的执着和对海洋生物的热爱也让我深受启发,让我明白在海洋科学这片广阔的领域里,只有不断地积累知识,保持谦逊的态度,敢于创新,方能在未来的道路上走得更远。因此,我将继续努力学习,立足实践,希望有朝一日能够为国家的海洋科学事业贡献自己的一份力量。

黎辰婕

(浙江海洋大学2019级物理海洋专业本科生,现为河海大学物理海洋学专业硕士研究生)

我在大二思政课堂上讲过最美海洋科学家林家翘院士的故事。林家翘院士的求学经历以及科研道路对我的求学之路一直有深刻的影响,使我更加坚定了继续深造学习和在自己热爱的物理海洋道路上不懈探索的决心。

我现在在河海大学物理海洋专业继续攻读研究生,时隔两年回头看,我在本科二年级思政课堂上讲的最美海洋科学家林家翘院士的湍流理论研究竟与我现在的研究方向一致。感谢曾经的思政课堂,感谢讲过的最美海洋科学家的故事,我将以林家翘院士为榜样,不断深入物理海洋理论研究与实践,希望在这个研究领域做出应有的贡献!

樊龙俊

（浙江海洋大学2019级物理海洋专业本科生，现为国家自然资源部第二海洋研究所硕士研究生）

提到陈宗镛先生，第一次了解他是在我的大学阶段，我在思政课堂上与老师、同学们分享了这位海洋科学家的故事。他是我讲的第一位海洋科学家，也是对我触动最大的海洋科学家，给予了我强大的精神动力。

陈宗镛先生不是那种家喻户晓的科学家，但是在了解了他的生平事迹之后，却被陈宗镛先生这种朴素坚韧的科学家精神所折服。孔子曾言："己欲立而立人，己欲达而达人。"陈宗镛先生就是这样一位科学家，他为了让国家的潮汐海洋学研究在世界上站住脚，不分昼夜地在汹涌的海洋上测量数据，指导学生研究和学习。陈宗镛先生普通却又非凡的一生对我触动非常大，激励着我不断深造学习。

叶琳川

（浙江海洋大学2019级海洋技术专业本科生，现为厦门大学物理海洋专业硕士研究生）

现在依然记得在本科阶段讲的最美海洋科学家叶聪的故事，叶聪作为我国的一名海洋科学家，他具有的国家、民族情怀，自强、责任信念，热爱、开拓、刚毅精神等，今天想来内心依然有很大触动。

我现在在厦门大学攻读物理海洋学专业。对于研究，热爱是必不可少的，能够静下心来是必需的，只有如此才能持之以恒地去攻克难题。从海洋科学家叶聪的事迹中，我学会了如何去寻找自己真正热爱的事，明白了人生的价值和意义，明白了有目标就要行动，越努力越幸运。

希望我们在思政课上将"讲好最美海洋科学家故事"传承下去，用海洋科学家精神激励一代又一代的海洋专业大学生勇往直前，为建设海洋强国贡献青春力量，助力实现中华民族伟大复兴中国梦。

结语　海洋科学家精神融入高校思政课的未来展望

科学家精神是一种求真求实的精神，它是人类意志的升华，是人类精神力量发展的原动力。科学家精神本质是理性探索的求真精神、敢于质疑的批判精神、检验真理的实证精神，是实现民族精神现代化的重要要素。在全球化局势下，现代化国家之间的竞争是科技创新人才的竞争，科学家精神是培育科技创新人才不可或缺的精神要素。弘扬科学家精神对实现中华民族伟大复兴中国梦，推进中国式现代化具有重大现实意义。当今世界各国都非常重视对本国科学家精神的培育，我们应该积极学习其他国家和民族培育科学家精神的先进经验和做法，在中国特色社会主义的伟大实践中，把能够体现科学家精神本质和内涵的新思想、新元素等融入教育，塑造新时代科学家精神。当然，我们也要认识到科学家精神的塑造是一个漫长的过程，任重而道远。

当今国际竞争既是硬实力的较量，也是软实力的角逐，更是科学家精神的竞争。马克思、恩格斯指出，“科学是一种在历史上起推动作用的、革命的力量”[①]，“一个民族想要站在科学的最高峰，就一刻也不能没有理论思维”[②]。所以，站在时代的巅峰，实现民族复兴，离不开科学，也离不开科学家精神的引导和支撑。习近平总书记强调：“必须弘扬胸怀祖国、服务人民的爱国精神，勇攀高峰、敢为人先的创新精神，追求真理、严谨治学的求实精神，淡泊名利、潜心研究的奉献精神，集智攻关、团结协作的协同精神，甘为人梯、奖掖后学的育人精神，教育引导各类人才矢志爱国奋斗、锐意开拓创新。”[③]这是中国精神的时代体现。要实现科技自立自强，就要传承和弘扬科学家精神，激发大学生科学探索的乐趣和对科学研究的向往。因此，高校思政课将讲好海洋科学家故事融入教

① 《马克思恩格斯文集》第3卷，人民出版社2009年版，第602页。

② 《马克思恩格斯文集》第9卷，人民出版社2009年版，第437页。

③ 《习近平著作选读》第2卷，人民出版社2023年版，第519页。

学,就是要通过讲好科学家的感人故事,滋养大学生心灵,以一代代科学家的崇高精神感染学生,以科学家精神蕴含的核心价值理念激励学生,使其积极投身国家科技发展,成长为科技创新人才,助力我国关键核心技术取得战略性突破,在科技强国道路上跑出青年人的“加速度”,真正发挥高校思政课引领学生发展的作用。

海洋科学家精神融入高校思政课是推动科学家精神进校园、进课堂的时代要求,海洋科学家精神既丰富了高校思政课的内容,又提供了更加鲜活的文化场域,具有信念引领、价值导向和人格塑造等功能。

本书用大学生喜闻乐见的生活话语讲述最美海洋科学家故事,既有生活温度又有情感温度,故事讲述言之有物、言之有据、言之有序、言之有情,在潜移默化中将海洋科学家精神转化为大学生的自觉实践,引导大学生学有所得、学以致用。后续我们将对大学生在讲述海洋科学家故事后的发展变化进行追踪调查研究,以系统地了解海洋科学家精神对大学生成长的深远价值与意义,使他们真正担负起传承和弘扬海洋科学家精神的历史使命,为建设海洋强国、科技强国贡献力量!

后　记

本书的写作灵感源于我的博士研究生导师夏从亚教授，他的研究领域是科技哲学，他一直关注科学家精神研究，并有相关著述。攻读博士学位期间，在他的指导下我对中华民族精神之科学精神有了更深入的认识，此后我就愈发关注科学家精神研究。

到浙江海洋大学工作后，由于给海洋科学专业的同学们上思政课，我想到了如何将海洋科学家精神有效融入思政课教育中这一问题。我想这应该是海洋类大学在新时代的历史使命，即讲好海洋科学家的故事，将海洋科学家精神融入海洋科学专业同学们的精神血脉中，使海大学子们真正做到“海纳百川，自强不息”，为建设海洋强国贡献力量。

本书的写作基于对海洋科学家精神的思考、融入教学实践的感悟等，希望海洋科学家的故事和精神不仅在教学实践中启悟学生，更希望同学们真正成长为建设海洋强国之栋梁，这即是本书的价值追求。

在此，感谢我的博士研究生导师夏从亚教授在科学研究道路上持续不断地给予我指导和帮助；感谢浙江海洋大学马克思主义学院贝静红院长等领导和同事们的大力支持；感谢思政课上陪我一起成长的海洋科学专业的同学们！

最后，感谢浙江海洋大学博士科研启动基金(JX6311120123)的支持，感谢2022年度教育部人文社会科学研究规划基金项目“新时代社会心理建设研究”(22YJA710040)的支持，感谢浙江海洋大学2022年度课程思政教学研究重点项目“文化自信视域下‘讲好最美浙江人故事’融入高校思政课的探索与实践”的支持等。

谢谢人生之路，我们一起走过，一起感悟，一起成长。

王月琴

2023年12月28日